高等职业教育"十四五"规划旅游大类精品教材
专家指导委员会、编委会

专家指导委员会

总顾问　王昆欣

顾　问　文广轩　李　丽　魏　凯　李　欢

编委会

编　委（排名不分先后）

李　俊	陈佳平	李　淼	程杰晟	舒伯阳	王　楠	白　露
杨　琼	许昌斌	陈　怡	朱　晔	李亚男	许　萍	贾玉芳
温　燕	胡扬帆	李玉华	王新平	韩国华	刘正华	赖素贞
曾　咪	焦云宏	庞　馨	聂晓茜	黄　昕	张俊刚	王　虹
刘雁琪	宋斐红	陈　瑶	李智贤	谢　璐	郭　峻	边喜英
丁　洁	李建民	李德美	李海英	张　晶	程　彬	林　东
崔筱力	李晓雯	张清影	黄宇方	李　心	周富广	曾鸿燕
高　媛	李　好	乔海燕	索　虹			

高等职业教育"十四五"规划旅游大类精品教材

总顾问 ◎ 王昆欣

旅游标准化知识

Knowledge of Tourism Standardization

主编 ◎ 舒伯阳　冯婉怡　刘　冕

华中科技大学出版社
http://press.hust.edu.cn
中国·武汉

内容简介

本书旨在系统性地探讨与解析旅游标准化的理论内涵与框架、实践应用及未来发展趋势。在章节设计上,本教材主要包括三大部分:第一部分(第一章至第三章)为标准化基础知识篇,主要介绍了标准化及旅游标准化的概念、管理组织,标准体系的基本结构,以及标准文件的编写规范。第二部分(第四章至第六章)为旅游标准介绍篇,系统解读了部分旅游业基础标准及分类标准文件,并对当前中国旅游标准化发展的趋势做出评判。第三部分(第七章至第八章)为旅游标准化实践篇,结合编者所主持的旅游标准化试点地区创建辅导经验,梳理旅游标准化试点地区创建工作的基本任务、相关标准及内容,并介绍了一个适用于旅游标准化工作实施的工具平台。本书将理论研究与行业实践经验紧密结合,期望帮助读者深入理解旅游标准对行业可持续发展的意义,以及旅游标准的主要规范、旅游标准化实践流程等内容。

图书在版编目(CIP)数据

旅游标准化知识 / 舒伯阳,冯婉怡,刘冕主编. -- 武汉:华中科技大学出版社,2024.6. -- (高等职业教育"十四五"规划旅游大类精品教材). -- ISBN 978-7-5772-0875-6

Ⅰ.F59

中国国家版本馆 CIP 数据核字第 2024SA4947 号

旅游标准化知识
Lüyou Biaozhunhua Zhishi

舒伯阳　冯婉怡　刘冕　主编

总 策 划:李　欢
策划编辑:王　乾
责任编辑:刘　烨　聂筱琴
封面设计:原色设计
责任校对:阮　敏
责任监印:周治超

出版发行:华中科技大学出版社(中国•武汉)　　电话:(027)81321913
　　　　　武汉市东湖新技术开发区华工科技园　　　邮编:430223

录　　排:孙雅丽
印　　刷:武汉科源印刷设计有限公司
开　　本:787mm×1092mm　1/16
印　　张:13
字　　数:290千字
版　　次:2024年6月第1版第1次印刷
定　　价:49.80元

本书若有印装质量问题,请向出版社营销中心调换
全国免费服务热线:400-6679-118　　竭诚为您服务
版权所有　侵权必究

总序

习近平总书记在党的二十大报告中深刻指出,要"统筹职业教育、高等教育、继续教育协同创新,推进职普融通、产教融合、科教融汇,优化职业教育类型定位""实施科教兴国战略,强化现代化建设人才支撑""要坚持教育优先发展、科技自立自强、人才引领驱动""开辟发展新领域新赛道,不断塑造发展新动能新优势""坚持以文塑旅、以旅彰文,推进文化和旅游深度融合发展",这为职业教育发展提供了根本指引,也有力地提振了旅游职业教育发展的信念。

2021年,教育部立足增强职业教育适应性,体现职业教育人才培养定位,发布了《职业教育专业目录(2021年)》,2022年,又发布了新版《职业教育专业简介》,全面更新了职业面向、拓展了能力要求、优化了课程体系。因此,出版一套以旅游职业教育立德树人为导向、融入党的二十大精神、匹配核心课程和职业能力进阶要求的高水准教材成为我国旅游职业教育和人才培养的迫切需要。

基于此,在全国有关旅游职业院校的大力支持和指导下,教育部直属大学出版社——华中科技大学出版社,在党的二十大精神的指引下,主动创新出版理念、改进方式方法,汇聚一大批国内高水平旅游院校的国家教学名师、全国旅游职业教育教学指导委员会委员、全国餐饮职业教育教学指导委员会委员、资深教授及中青年旅游学科带头人,编撰出版"高等职业教育'十四五'规划旅游大类精品教材"。本套教材具有以下特点:

一、全面融入党的二十大精神,落实立德树人根本任务

党的二十大报告中强调:"坚持和加强党的全面领导。"坚持党的领导是中国特色职业教育最本质的特征,是新时代中国特色社会主义教育事业高质量发展的根本保证。因此,本套教材在编写过程中注重提高政治站位,全面贯彻党的教育方针,"润物细无声"地融入中华优秀传统文化和现代化发展新成就,将正确的政治方向和价值导向作为本套教材的顶层设计

并贯彻到具体项目任务和教学资源中,不仅培养学生的专业素养,还注重引导学生坚定理想信念、厚植爱国情怀、加强品德修养,以期落实"立德树人"这一教育的根本任务。

二、基于新版专业简介和专业标准编写,权威性与时代适应性兼具

教育部2022年发布新版《职业教育专业简介》后,华中科技大学出版社特邀我担任总顾问,同时邀请了全国近百所职业院校知名教授、学科带头人和一线骨干教师,以及旅游行业专家成立编委会,对标新版专业简介,面向专业数字化转型要求,对教材书目进行科学全面的梳理。例如,邀请职业教育国家级专业教学资源库建设单位课程负责人担任主编,编写《景区服务与管理》《中国传统建筑文化》及《旅游商品创意》(活页式);《旅游概论》《旅游规划实务》等教材为教育部授予的职业教育国家在线精品课程的配套教材;《旅游大数据分析与应用》等教材则获批省级规划教材。经过各位编委的努力,最终形成本套"高等职业教育'十四五'规划旅游大类精品教材"。

三、完整的配套教学资源,打造立体化互动教材

华中科技大学出版社为本套教材建设了内容全面的线上课程资源服务平台:在横向资源配套上,提供全系列教学计划书、教学课件、习题库、案例库、参考答案、教学视频等配套教学资源;在纵向资源开发上,构建了覆盖课程开发、习题管理、学生评论、班级管理等集开发、使用、管理、评价于一体的教学生态链,打造了线上线下、课内课外的新形态立体化互动教材。

本套教材既可以作为职业教育旅游大类相关专业教学用书,也可以作为职业本科旅游类专业教育的参考用书,同时,可以作为工具书供从事旅游类相关工作的企事业单位人员借鉴与参考。

在旅游职业教育发展的新时代,主编出版一套高质量的规划教材是一项重要的教学质量工程,更是一份重要的责任。本套教材在组织策划及编写出版过程中,得到了全国广大院校旅游教育教学专家教授、企业精英,以及华中科技大学出版社的大力支持,在此一并致谢!

衷心希望本套教材能够为全国职业院校的旅游学界、业界和对旅游知识充满渴望的社会大众带来真正的精神和知识营养,为我国旅游教育教材建设贡献力量。也希望并诚挚邀请更多旅游院校的学者加入我们的编者和读者队伍,为进一步促进旅游职业教育发展贡献力量。

王昆欣

世界旅游联盟(WTA)研究院首席研究员

高等职业教育"十四五"规划旅游大类精品教材总顾问

前言

当代旅游业正以前所未有的速度蓬勃发展,成为连接世界各地文化、促进经济繁荣的纽带。在这个充满活力和机遇的行业中,如何确保旅游活动高质量、可持续性发展,是我们需要共同关注的重要问题。

党的二十大报告提出了"推进文化自信自强,铸就社会主义文化新辉煌"的要求,明确把"坚持以文塑旅、以旅彰文,推进文化和旅游深度融合发展"作为繁荣发展文化事业和文化产业的重要要求。作为服务业标准化的一部分,旅游标准化建设有助于提高旅游服务质量,规范旅游市场秩序,推动旅游业健康发展。在党的二十大精神的指导下,我们要坚持以人民为中心的发展思想,把人民群众的需求放在首位,提高旅游服务的品质,让广大游客享受到更加优质、安全、便捷的服务,这是开展旅游标准化建设的根本目标。"没有规矩,不成方圆。"标准作为重要的基础性制度,是支撑旅游业高质量发展的重要技术力量。截至2022年底,中国已发布国家标准43027项,备案行业标准共78431项、地方标准共61969项,成立全国专业标准化技术委员会共计1319个,其中第三产业技术委员会占比约12.74%,服务业的标准化发展仍有较大进步空间。

近年来,市场关于提升旅游服务及产品质量的呼声越来越高,标准化建设也逐渐受到旅游企业及旅游目的地的关注。而与此同时,旅游标准化的专业人才仍存在较大缺口。旅游标准化具体指什么,包括哪些内涵?如何开展旅游标准化建设?这一系列问题,大部分旅游专业学生以及旅游从业人员可能都无法回答。对此,我们希望结合旅游标准化相关研究及产业经验,帮助读者认识、理解旅游标准化的相关知识,了解旅游标准化建设的基本流程,以培养读者参与旅游标准化建设的专业能力。

这本书的编写得益于广大专家学者的深入研究和实践经验,同时充分吸纳了相关从业者的宝贵建议。我们从多个角度、多个层次审视旅游标准化的理论体系和实践应用，希望通过对旅游标准化理论及产业实践的综合研究，为读者提供一份既系统又实用的参考资料，一份有关如何提升服务质量、确保游客安全、促进旅游业可持续发展的标准化工作指南。最后，我们希望本书不仅能够成为旅游从业者的实用手册，更能够激发读者对旅游业未来发展的思考。

编者

目录 MULU

第一章 标准化与旅游标准化 /001

第一节 标准化的由来及基本概念 /002
一、标准化的由来 /002
二、标准化的概念 /005

第二节 标准化的原理及标准分类 /007
一、标准化的基本原理 /007
二、标准的分类 /009

第三节 标准化管理体系及结构 /009
一、三大国际标准化组织 /009
二、区域标准化组织 /010
三、中国标准化管理体系 /013

第四节 旅游标准化的缘起与特点 /015
一、旅游标准化的缘起 /015
二、旅游标准化的特点 /016

第二章 中国旅游标准化概述 /019

第一节 中国旅游标准化发展历程 /020
一、启蒙阶段 /020
二、规范阶段 /021

第二节 中国旅游标准化的组织安排 /023

一、国家层面　　　　　　　　　　　　　　　　　　　　　　　　　　　/024
　　二、地方层面　　　　　　　　　　　　　　　　　　　　　　　　　　　/025
　　三、企业层面　　　　　　　　　　　　　　　　　　　　　　　　　　　/026
　第三节　中国旅游标准化现状与未来发展趋势　　　　　　　　　　　　　　/027
　　一、中国旅游标准化发展规划　　　　　　　　　　　　　　　　　　　　/027
　　二、旅游标准化试点地区创建　　　　　　　　　　　　　　　　　　　　/030
　　三、中国旅游标准化未来发展趋势　　　　　　　　　　　　　　　　　　/035

第三章　旅游标准体系　　　　　　　　　　　　　　　　　　　　　　　　/039

　第一节　标准体系的组成　　　　　　　　　　　　　　　　　　　　　　　/040
　　一、标准体系的概念　　　　　　　　　　　　　　　　　　　　　　　　/040
　　二、标准体系的特征　　　　　　　　　　　　　　　　　　　　　　　　/041
　　三、构建标准体系的基本原则　　　　　　　　　　　　　　　　　　　　/043
　　四、标准体系构建方法　　　　　　　　　　　　　　　　　　　　　　　/043
　　五、标准体系构建一般步骤　　　　　　　　　　　　　　　　　　　　　/046
　　六、标准体系表　　　　　　　　　　　　　　　　　　　　　　　　　　/046
　第二节　旅游标准体系的结构　　　　　　　　　　　　　　　　　　　　　/049
　　一、旅游标准体系的概念　　　　　　　　　　　　　　　　　　　　　　/049
　　二、我国历版旅游标准体系表比较　　　　　　　　　　　　　　　　　　/050
　　三、旅游标准体系的构成　　　　　　　　　　　　　　　　　　　　　　/054
　第三节　标准文件的编制规范　　　　　　　　　　　　　　　　　　　　　/058
　　一、标准文件编制目标　　　　　　　　　　　　　　　　　　　　　　　/058
　　二、标准文件表述原则　　　　　　　　　　　　　　　　　　　　　　　/059
　　三、标准文件基本结构　　　　　　　　　　　　　　　　　　　　　　　/059
　　四、标准文件要素编写　　　　　　　　　　　　　　　　　　　　　　　/064

第四章　旅游业基础标准　　　　　　　　　　　　　　　　　　　　　　　/074

　第一节　导则、指南、通则　　　　　　　　　　　　　　　　　　　　　　/075
　　一、《标准化工作导则 第1部分：标准化文件的结构和起草规则》
　　　（GB/T 1.1—2020）　　　　　　　　　　　　　　　　　　　　　　　/075
　　二、《服务标准化工作指南》（GB/T 15624—2011）　　　　　　　　　　　/076
　　三、《旅游规划通则》（GB/T 18971—2003）　　　　　　　　　　　　　　/077

目录

第二节　术语、代号、缩略语　　　　　　　　　　　　　　　/081
 一、《旅游业基础术语》(GB/T 16766—2017)　　　　　　　/081
 二、《图形符号 术语》(GB/T 15565—2020)　　　　　　　/083

第三节　图形、标识、符号　　　　　　　　　　　　　　　/085
 一、《公共信息图形符号 第1部分:通用符号》(GB/T 10001.1—2023)　/085
 二、《公共信息图形符号 第2部分:旅游休闲符号》
  (GB/T 10001.2—2021)　　　　　　　　　　　　　/086
 三、国内外旅游公共信息导向系统现状　　　　　　　　/088

第五章　旅游业分类标准　　　　　　　　　　　　　　　/091

第一节　旅游住宿　　　　　　　　　　　　　　　　　　/092
 一、旅游饭店　　　　　　　　　　　　　　　　　　/093
 二、精品酒店与民宿　　　　　　　　　　　　　　　/095
 三、旅游民宿标准化工作特点　　　　　　　　　　　/096

第二节　旅行社　　　　　　　　　　　　　　　　　　　/097
 一、《旅行社服务通则》　　　　　　　　　　　　　/097
 二、《旅行社等级的划分与评定》　　　　　　　　　/099

第三节　旅游交通　　　　　　　　　　　　　　　　　　/105
 一、《旅游客车设施与服务规范》　　　　　　　　　/105
 二、《内河旅游船星级的划分与评定》　　　　　　　/107

第四节　旅游景区　　　　　　　　　　　　　　　　　　/110
 一、《旅游景区服务指南》　　　　　　　　　　　　/110
 二、旅游景区标准规定重点　　　　　　　　　　　　/113

第五节　旅游演艺　　　　　　　　　　　　　　　　　　/114
 一、基本要求　　　　　　　　　　　　　　　　　　/114
 二、服务组织　　　　　　　　　　　　　　　　　　/114
 三、演艺服务要求　　　　　　　　　　　　　　　　/114
 四、服务监督与改进　　　　　　　　　　　　　　　/116

第六节　旅游教育研学　　　　　　　　　　　　　　　　/116
 一、《研学旅行服务规范》　　　　　　　　　　　　/116
 二、研学旅行标准特点　　　　　　　　　　　　　　/119

第六章　旅游标准化新发展　　/120

第一节　旅游新业态标准　　/121
一、智慧旅游　　/121
二、露营地旅游　　/125
三、海洋旅游　　/129
四、康养旅游　　/131

第二节　旅游管理工作标准　　/134
一、全域旅游示范区验收标准　　/134
二、文旅消费示范区标准　　/138
三、《国家旅游科技示范园区管理办法(暂行)》　　/139
四、旅游休闲城市和街区　　/140

第七章　旅游标准化工作实践　　/145

第一节　旅游标准化创建工作任务　　/146
一、政府层面　　/146
二、企业层面　　/146
三、专家层面　　/147

第二节　旅游标准化创建工作标准　　/147
一、旅游类标准的分类　　/148
二、旅游标准化实践挑战　　/153
三、旅游标准化实践创新　　/154

第三节　旅游标准化创建工作内容　　/158
一、创建工作分解结构(WBS)　　/158
二、创标办内部工作流程分解　　/161
三、标准化创建工作职能分工　　/171
四、标准化创建工作任务分解　　/172
五、标准化创建工作阶段　　/173

第八章　旅游标准实施工具　　/175

第一节　旅游标准实施工具简介　　/176
第二节　旅游标准实施工具的功能　　/177

一、用户平台功能 /178
二、标准实施自评板块 /179
三、企业标准体系板块 /181
四、系统线上答疑功能 /182
五、政府用户电脑端平台功能介绍 /183

参考文献 /191

第一章
标准化与旅游标准化

 本章概要

标准是指为了在一定的范围内获得最佳秩序,经协商一致制定并由公认机构批准的,共同使用的和重复使用的一种规范性文件。标准化工作的任务在于制定标准、组织实施标准以及对标准的制定、组织实施进行监督,其基本原理为简化、统一化与有序化。国际上的三大标准化组织包括ISO、ITU、IEC,负责制定并推广国际标准;中国标准化主要由政府主导,由国家市场监督管理总局、国家标准化管理委员会以及各省、自治区、直辖市人民政府标准化行政主管部门负责推进,由各个领域的专业标准化技术委员会提供支持。

 **学习目标**

知识目标

(1)掌握标准与标准化的定义。
(2)掌握标准化的原理及作用。
(3)熟悉主流标准化管理组织及其结构。
(4)了解标准化及旅游标准化的发展历程。

能力目标

(1)提升专业概念的理解能力。
(2)提升专业信息的搜集能力。
(3)提升关于专业组织架构的系统认知。

素养目标

(1)加强标准化宣传工作,培养标准化意识与观念。
(2)通过标准化学习,引发系统性思考,加深对旅游企业产品生产、服务管理等方面的经营规范的理解。

知识导图

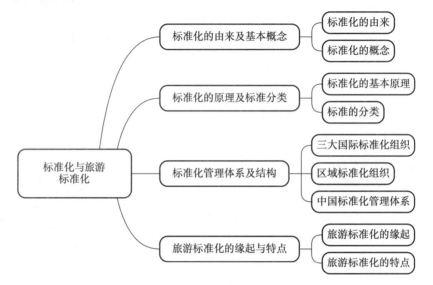

章节要点

标准与标准化的定义、原理与分类方法。

第一节　标准化的由来及基本概念

标准化是人类在长期生产实践过程中逐渐探索和创立的一门学科和重要的应用技术。当今社会已进入后工业化时代,标准和标准化已突破早期工业标准化的狭窄领域,进入农业、信息业、服务业乃至与生活相关的各个领域。特别是服务业标准化,更是近年来标准化发展的新领域,而旅游业又是服务业中成长最为迅速的引领行业,所以旅游标准化已成为近年来备受学界及业界关注的新领域。

一、标准化的由来

伴随着西方工业革命的发展,标准在产品制造、质量保证、企业管理中被赋予了重要意义。"美国标准化之父"埃利·惠特尼在造枪的时候,把一支现成的枪拆解为零件,并将这些零件作为仿制的标准,随机抽取零件就可以组装成一把合格的枪,这种做法让零件具有了互换性。经典管理学"鼻祖"泰勒[①]在其著作《科学管理原理》中有一个很重要的观点,就是工人的劳动工具、劳动环境、劳动作业、工时计算等都应该在科学原

---

① Taylor F W. The Principles of Scientific Management[M]. New York: HarperCollins Publishers, 1919.

理的基础上进行标准化。福特公司20世纪初生产T型车的流水线被认为是标准化的典范,其完美地诠释了互换性和泰勒的管理理论及其标准化思想,为美国经济腾飞奠定了基础。权变管理理论的重要代表人物明茨伯格[1]认为,组织中的标准化包括过程标准化、输出标准化、技能标准化;标准化在组织中是协调机制的一部分,其核心目的是控制。

（一）传统标准化

由于工业当中有大量跨企业技术协调的需求存在于产业链上下游之间,以及全球化的工业生产网络(IPN)之中,技术性交流与产业链联动成为推动工业标准化进程的重要动力。20世纪中期,传统工业标准化组织逐渐形成体系,包括国际标准化组织、区域标准化组织、国家标准化组织、部分老牌的协会标准化组织等。发达国家的标准化组织由于受到民间非营利组织(协会组织)的影响,其基本组织形式为采用会员制的非营利组织[2]。组织构架有会员大会、董事会等。组织的运行由章程做出具体规定。组织运行的主要经费来源包括会员缴纳的会费、标准销售和市场服务(如企业标准化培训等)收入等。例如：ISO(International Organization for Standardization)、IEC(International Electrotechnical Commission)、ITU(International Telecommunication Union)、IEEE(Institute of Electrical and Electronics Engineers)、ASTM(American Society for Testing and Materials)、NEMA(National Electrical Manufacturers Association)、BSI(British Standards Institution)、DIN(Deutsches Institut für Normung e.V.)、AFNOR(Association Francaise de Normalisation),等等。对于企业而言,企业在将自己的相关技术推荐到标准化组织的行动上具有充分的积极性。在工业生产网络中,如果一个企业的技术被固化到标准之中,便会让该企业在市场竞争中占据有利的位置。如果其他企业的技术成为标准,就有可能会增加本企业的转换成本。所以企业出于市场竞争的本能,会主动让自己的工程技术人员积极加入标准化组织,并承担标准的制修订工作,力争将自己的技术纳入标准。

传统标准化组织本质上是一种民间非营利组织,所以"自愿性"是传统标准化过程的显著特点。自愿性主要表现在两个方面：第一,加入标准化组织是自愿的。所有利益相关方都能自由加入。进入和退出均自愿。无论是一般参加者,还是TC(标准化技术委员会)和SC(分技术委员会)的主席或副主席,抑或是WG(工作组)组长或起草组组长等,所有的人在其中都扮演"自愿者"角色,即志愿者。传统标准化组织并不向这些志愿者支付报酬或报销差旅费,所有花销都由志愿者自己承担。第二,标准的实施也是自愿的,企业是否执行某一标准,主要取决于企业自己的判断——该标准是否适用于其产品,是否有利于企业在市场中的竞争等。虽然传统标准化组织具有自愿性,但是这种组织在市场中却因为有了标准化的加持,往往更容易取得成功。

---

[1] Mintzberg H. The Structuring of Organizations—A Synthesis of the Research[M]. New Jersey: Prentice Hall, 1979.

[2] 王平. 从历史发展看标准和标准化组织的性质和地位[J]. 中国标准化, 2005 (6).

传统标准化组织还具有"开放透明""协商一致"的特点。其中,"开放"是指传统标准化组织的会员体制对所有利益相关方都是开放的,"透明"是指标准制定流程对于所有利益相关方都是公开的,不能有"暗箱操作"。"协商一致"是指在制定标准的过程中,在委员会做出决策之前,必须对所有反对意见进行深入讨论,而且要有明确的结论性说明;"协商一致"并不一定就是百分之百达成一致。例如,ISO 在进行投票的时候,一般情况下要求反对票数不超过投票人数的 1/4,同意人数要超过投票人数的 2/3。这种做法很容易获得企业的信任。企业如果有标准需求,可以到这类标准化组织递交自己的提案。经过长期运行,传统标准化组织为打通产业链和全球生产网络(GPN),在技术层面上建立了标准平台,实现了权威性和组织合法性。

(二)联盟标准化

产业联盟(Industrial Consortia)最早起源于二十世纪六七十年代,起初主要表现为技术研发联盟(R&D Consortia)的形式,这种联盟的主要功能是帮助企业之间通过合作开展技术研发,参与的企业可共享研发成果。ICT(信息与通信技术)产业中的竞争异常激烈,包括下游的产品和服务竞争,以及上游的技术竞争。产品的互操作性成为市场成功的重要因素。为了应对技术的快速发展所带来的挑战和技术发展的复杂性,必然会出现企业之间开展合作的需求,特别是竞争企业(持有替代技术方案的企业)之间的合作需求[①]。联盟是一种可以实现资源共享和快速研发的企业合作方式,也是一种应对市场竞争的资源配置方案,涉及人力、资金、技术专利、实验环境资源等。企业之间共享研发成果,快速产品化,以达到快速提高企业市场竞争能力的目的。联盟成为 ICT 行业进行技术/市场协调的结构性特征[②]。

而由于 ISO/TC 97(ISO/IEC JTC1 的前身)与 ITU(International Telecommunication Union,国际电信联盟)之间的工作重叠并且协调不力,ICT 业界开始对整个传统的正式标准化组织有了负面的看法。1983 年 1 月 1 日,IETF(Internet Engineering Task Force,互联网工程任务组)所制定的 TCP/IP 协议在市场竞争中胜过 ISO 的 OSI 模型,成为近代互联网发展的基石。此次与传统标准化组织竞争的胜利,成为联盟强劲崛起的重要原因之一。标准联盟的第一个原型——ECMA(European Computer Manufacturers Association,欧洲计算机制造商协会),于 1961 年出现在欧洲,1994 年后该组织改名为 Ecma International(Ecma 国际)。ECMA 的会员资格是自愿的、全行业的、面向国际(主要是欧洲)的;其会员分为四个不同的级别,即正式会员、联系会员、中小企业会员、小型私营公司会员;其运行经费主要来自成员会费,级别高的会员交的会费高,小企业会员交的会费低。ECMA 与传统标准化组织最大的不同点是其标准化程序的"非正式性"。

---

①Baron J, Pohlmann T. Who Cooperates in Standards Consortia-Rivals or Complementors?[J]. Journal of Competition Law and Economics, 2013, 9(4).

②Hawkins R. The Rise of Consortia in the Information and Communication Technology in Industries: Emerging Implications for Policy[J]. Telecommunications Policy, 1999, 23(2).

20世纪60年代ECMA成立的时候,美国反垄断法不允许若干公司自由联合起来开发共同的技术规范,企业只能参与传统标准化组织的标准化工作。到了1988年,美国的综合贸易与竞争法案放开了对企业间合作研发的法律约束,鼓励美国公司之间更紧密地开展研发合作,而正是在这种背景下,联盟的组织形式得以出现。从1986年到20世纪末,ICT领域的联盟数量从屈指可数的几个增加到百余个。大多数联盟将总部设在美国,但是其会员是来自全球的国际企业,包括美国本土、欧洲国家、日本和韩国的大型跨国公司。许多欧洲和亚洲的大公司都是美国重要联盟的创始成员。标准联盟组织的出现引发了标准化治理体系的重大变革。

二、标准化的概念

概念是思维的产物,它是以抽象的方式反映客观事物及其特性的一种思维形式。标准化作为一门独立的学科,有着自身特有的概念体系。标准化的概念是人们对标准化有关范畴本质特征的概括。研究标准化的概念,对于标准化学科的建设发展以及传播标准化都具有重要意义。在标准化概念体系中,最基本的概念是"标准"和"标准化"。

(一)标准的定义

ISO(国际标准化组织)和IEC(国际电工委员会)对于"标准"的定义是,标准宜以科学、技术和试验的综合成果为基础,以促进共同效益最大化为目的。而WTO(世界贸易组织)也对"标准"进行了定义,即由公认机构批准的、非强制性的、为了达到通用或反复使用的目的,为产品或相关生产方法提供规则、指南或特性的文件。在我国,标准通常是指:通过标准化活动,按照规定的程序经协商一致制定的,为各种活动或其结果提供规则、指南或特性,供共同使用和重复使用的文件[1]。标准可以包括专门规定用于产品、加工或者生产方法的术语、符号、包装标志或者标签要求。服务业组织标准体系表中标准的名称及定义见表1-1。

表1-1　服务业组织标准体系表中标准的名称及定义[2]

标准	定义
标准化工作导则	适用于本组织、本行业的术语和缩略语。是由国家、行业、地方及服务业组织制定的标准化工作相关标准
术语与缩略语标准	服务业组织运行和管理活动涉及的术语和缩略语。是由国家、行业、地方及服务业组织制定的,用于组织内部信息沟通的概念定义和术语含义标准,包括中文、英文名称和术语定义
符号与标志标准	服务业组织运行和管理活动涉及的符号与标志。是由国家、行业、地方及服务业组织自身制定的,包括符号与标志的样式、颜色、字体、结构及其含义的规范性文件

---

[1] 引自《标准化工作指南 第1部分:标准化和相关活动的通用术语》(GB/T 20000.1—2014)。
[2] 王季云,姜雨璐.旅游业标准体系的思考与重构[J].旅游学刊,2013(11).

续表

标准	定义
数值与数据标准	服务业组织运行和管理活动涉及的数值和数据。国家、行业、地方及服务业组织对数值与数据进行判定与表示,并制定标准
量和单位标准	服务业组织运行和管理活动涉及的量和单位。国家、行业、地方及服务业组织对量和单位进行选用和确定,并制定标准
测量标准	服务业组织运行和管理活动中使用的测量方法和设备。是由国家、行业、地方及服务业组织制定的,包含测量方法、程序、技术规范、测量记录、统计方法等的规范性文件
生态环境与卫生标准	服务业组织应制定和采用的,关于环境和卫生条件、环境保护、经营场所环境卫生管理标准等的规范性文件
能源管理标准	服务业组织应制定和采用的,关于用能和节能标准,生态容量、生态保护规范及其实施和持续改进的规范性文件

通过上述定义,我们可以将标准理解为一种规范性的文件。所谓"规范性文件"是指为各种活动或其结果提供规则、导则或者规定特性的文件,它是标准、法律、法规和规章等的统称。由此可见,标准本质上是一种具有特殊属性的规范性文件。

学术界与业界通常认为标准具有以下特点:

第一,标准必须同时满足"共同使用"和"重复使用"的双条件特点。因为,只有大家共同使用并且要重复使用,标准才有存在的必要。

第二,制定标准的目的是获得最佳秩序,以促进共同效益最大化。这种最佳秩序的获得是有一定范围的,"一定范围"是指适用的人群和相应的事物。适用的人群可以是全球范围,或某个区域,或某个国家的某个地方的人群,也可以是某个行业,或某个组织等的人群,具体的适用人群取决于协商的结果;相应的事物是指条款设计的内容,可以是有形或无形的、硬件或软件等。

第三,制定标准的原则是协商一致,即制定标准的各方对于实质性问题没有反对意见,并按照程序对各方观点进行了研究,且对所有争议进行了协调。

第四,制定标准需要有一定的规范化程序,并且最终由公认机构发布标准。相关机构可以是国际层面的,或者国家层面的,或者区域层面的,以制定、通过或者批准、公开发布标准为主要职能的标准化机构。

第五,标准产生的基础是科学、技术和经验的综合成果。标准作为规范性文件,是一种技术类文件,具有技术含量,是在充分考虑最新技术水平后制定的,是人类实践经验经过科学归纳、整理并规范化后的结果。

(二)标准化的定义

标准化工作的任务是制定标准、组织实施标准以及对标准的制定、组织实施进行监督。标准化的主要作用是根据预期目的改进产品、过程或服务的实用性,防止贸易壁垒,并促进技术合作,获得最佳秩序,促进共同效益最大化。标准化的目的具有多重性,最基本的目的是控制、有序化和统一化。为进一步加深对标准化的理解,我们还可对其内涵进行拓展：

（1）标准化活动是制定、发布和实施标准的系统过程，标准是标准化活动过程的产物。

（2）标准化是一个涉及标准制定、发布和实施等（这些中间过程具有相关性，相互作用）的系统过程，是研究标准的客观规律和运行方法的过程。

（3）与标准对应，标准化是一个相对动态的概念，无论是一项标准，还是一个标准体系，都在随着时代的步伐向更深层次和更广的方向变化发展，因而，标准没有最终成果。标准在深度上无止境，在广度上无极限，这正体现了标准化的动态特征。

（4）标准化的相对性概念，还存在于事物和概念的标准化与非标准化、个性与共性的相互不断转化的客观规律中，任何已经标准化的事物和概念，都可能随着时代的发展和条件的变化而打破原有的规定，成为非标准。

（5）标准化的效果只有在实践中才能表现出来。因此，标准的贯彻实施是标准化活动不可或缺的重要环节。

（6）标准化的本质特征是统一，是使重复的事物和概念有共同遵循和重复使用的规则的活动。因此，首先要将概念进行统一，才能做到对事的统一，这也正是在制定标准时，首先要对标准中涉及的关键的名词术语进行界定的原因。

第二节　标准化的原理及标准分类

一、标准化的基本原理

标准，从其自身的内容看是匹配问题（Matching Problems）的解决方案，而它作为手段又是对标准化对象进行限定的规则[①]。标准最根本的作用是它能够实现从方案到现实的转化，标准化是构建、组织和演绎现实世界的过程[②]。

（一）简化

标准化的一个重要作用是对创新方案的选择和简化。这是社会学对标准化的重要认识。人类社会总是有向着复杂化方向发展的趋势，而标准化则是向着相反的方向努力，即制定标准是对多种创新方案进行选择和优化的过程，其结果是技术方案或知识的固化。对技术方案进行选择会导致产品的品类减少。方案和品类的减少也是一种简化[③]，其结果是阻止事物过度复杂化发展，形成复杂化与简化之间的平衡。

每当工业革命进入重要转型期，都会涌现大量创新技术。很多创新技术都是针对

---

①Brunsson N, et al. A World of Standards[M]. Oxford: Oxford University Press, 2000.
②Busch L. Standards: Recipes for Reality[M]. Cambridge: The MIT Press, 2011.
③松浦四郎. 工业标准化原理[M]. 北京：技术标准出版社，1981.

相同的问题给出不同路径的解决方案,所以企业内部对于某一个技术问题,总会面临若干技术方案的选择;最终的企业标准只能选择众多技术方案中的一个技术方案。代表各个企业参加标准化组织制修订标准工作的专家,都会提出有利于自己企业的技术方案,而在标准化组织中,最终只能有一个技术方案成为标准。所以,标准的建立是对众多创新方案加以选择,只保留标准制定者认为是最佳的(如最经济的、最合理的、最高效的、最符合目标的等)方案,形成对创新方案的简化。简化是指人类为了提高效率,有意识地阻止事物向过度复杂化和无序化方向发展。由此可以看出,标准化与创新在人类认识和改造世界的过程中发挥着同等重要的作用。没有标准化的简化作用,世界将不再有秩序;没有秩序的多样化,创新也会失去光鲜外衣,多姿多彩的世界将变得杂乱无章。这与达尔文的进化论有着极为相似的逻辑;物种基因突变造成自然界向复杂化发展的趋势,而优胜劣汰法则对物种的过度发展趋势进行了有效的控制,从而形成自然界的物种多样性与大自然生存空间之间的平衡。

(二)统一化

统一化是指在一定时期内、一定条件下,使标准化对象的形式、功能或其他技术特性具有一致性。统一化是把同类事物两种以上的表现形态合并为一种或限定在一个范围内的有效手段。标准实施的直接结果就是规模化应用,即"共同使用和重复使用",从而形成事物的统一化。标准的规模化应用可能是在组织(如企业、医院、学校等)内的,也可能是在不同的行业(如工业、教育界、医疗体系等)中的。针对静态标准化对象的标准实施,形成静态事物的统一化;针对动态标准化对象的标准实施,形成动态事物的统一化和有序化。

(三)有序化

有序化是指通过运用简化、统一化、通用化、系列化、组合化等手段,对事物的无序化进行人为干预,并通过标准的制定、发布与实施,限制社会的经济、技术、科学及管理活动的各个方面,从而减少社会的无序程度。社会的物质和精神生产,如果不加以控制,总会向着多样化和繁杂的方向发展,其结果是使社会的无序程度增加。标准化就是把一些分散的,具有多样性、相关性和重复性特征的事物予以科学、合理的归并,从而达到在紊乱中建立应有的秩序的目的。标准化的活动即利用各种标准化方法进行"治乱"活动,使社会的无序程度降低。松浦四郎在其《工业标准化原理》中提道:标准化活动就是我们为从无秩序状态恢复到有秩序状态而做出的努力,为反对我们社会生活中熵的增加而做出的努力[①]。这是对标准化活动本质的认识。有序化是标准化活动最根本的属性,揭示了标准化活动的基本规律。有序化存在于一切标准化活动中,所有的标准化活动,无一不以有序化的思想为指导,无一不以最终实现有序化为目标。

---

① 松浦四郎,熊国凤,薄国华.工业标准化原理[M].北京:技术标准出版社,1981.

二、标准的分类

标准化工作是一项复杂的系统工程,为适应不同的要求,标准正在构成一个庞大而复杂的系统。为便于研究和应用,目前我国学术界一般依据适用范围、法律属性等对标准进行分类,具体内容请扫二维码查看。

中国标准的应用分类

第三节 标准化管理体系及结构

一、三大国际标准化组织

ISO、ITU、IEC是在国际上最为活跃、最具影响力的国际标准化组织。相关研究指出,85%左右的国际标准由ISO和IEC制定,其余则由ITU、WHO(世界卫生组织)、ICAO(国际民航组织)等国际机构制定[1]。

(一)ISO(国际标准化组织)

ISO正式成立于1947年,负责包括农业、工业及服务业等在内的绝大多数领域的国际标准制定、发布和协调等标准化工作,截至2022年底,已有167个成员,810个技术委员会和分委会,发布了24000多项国际标准,是目前世界上最大、最具权威性的国际标准化专门机构。ISO于2001年发布了首个战略规划《ISO战略规划(2002—2004)》,后历经了几次制修订。2021年2月《ISO战略2030》[2]发布,在经济、技术、社会和环境四大主要的变革驱动因素的影响下,制定了新的愿景、使命,以及三大目标六大优先事项,包括扩大ISO标准使用范围、增强创新能力以满足用户需求、提高ISO标准的市场有效性、积极把握国际标准化发展机遇、重视ISO成员的能力建设、增强ISO体系的包容性与多样性。

(二)ITU(国际电信联盟)

ITU成立于1865年,是政府间国际组织,负责全球电信事务的国际标准化工作,由电信标准化部门、无线电通信部门和电信发展部门三大部门承担实质性工作,旨在促进国际上通信网络的互联互通。截至2022年底,ITU拥有包括193个成员国以及各公司、大学和国际组织及区域性组织在内的约900个成员。《ITU战略规划(2020—2023)》中确定了ITU的愿景,即致力于促成连通世界,以ICT推动社会进步、助力经济发展、促进可持续发展,推广、促进和培育实惠并且普遍可接入的电信/ICT网络。

---

[1]程琳,李尚达,宋鹏飞,等.中国国际标准化现状及发展形势分析[J].中国铸造装备与技术,2021(5).
[2]ISO. ISO Strategy 2030[EB/OL].[2021-08-06]. https://www.iso.org/publication/PUB100364.html.

(三) IEC(国际电工委员会)

IEC成立于1906年,是一个世界范围的、独立的、非营利会员组织,基于会员会费及销售费用运营,负责电子、电气工程领域技术标准的制定和发布。截至2022年底,IEC有89个国家委员会会员,包括62个正式国家会员、29个准会员。2022年IEC发布《IEC新战略规划》,确定了IEC新的三大战略主题及九大战略目标,以实现IEC国际标准和合格评定系统在全球范围内的使用,确保电气、电子和信息技术的安全性、有效性、可靠性和互操作性,从而促进国际贸易的发展,推进电力广泛接入以及打造更加可持续发展的世界。

二、区域标准化组织

(一) CEN(欧洲标准化委员会)

CEN(欧洲标准化委员会)是被EU(欧盟)、EFTA(欧洲自由贸易联盟)正式认可的欧洲三大标准化组织之一(其余两个为CENELEC与ETSI),负责制定欧洲范围的自愿性标准。CEN成立于1961年,截至2023年底,CEN的成员共计34个,包括27个欧盟国家、英国、北马其顿共和国、塞尔维亚和土耳其,以及欧洲自由贸易联盟的3个国家(冰岛、挪威和瑞士)的国家标准化机构。CEN主要由以下机构组成:

1. CEN全体大会

CEN全体大会(CEN General Assembly, AG)是CEN的最高管理机构,决定CEN的政策。CEN全体大会由每个CEN成员国的国家标准化机构(National Standards Bodies, NSB)和选定的CEN合作伙伴的代表团组成,他们以观察员身份(如附属机构、配套标准化机构、CENELEC、ETSI、ISO、欧洲伙伴组织、欧盟委员会和EFTA秘书处等)参加CEN全体大会。CEN全体大会由CEN主席主持,每年召开两次。CEN主席也可以召集临时大会。CEN负责人及委员们在CEN全体大会上选举产生。

2. CEN管理委员会

CEN管理委员会(CEN Administrative Board, CA)负责指导工作和协调所有CEN机构的行动,以保证CEN全体大会决议得到落实。CEN管理委员会每年召开三次。

3. 主席委员会

主席委员会(Presidential Committee, PC)是CEN和CENELEC的联合机构,负责管理与两个协会共同感兴趣的其他行业特定事项有关的活动,包括受共同管理和/或共同政策约束的事项。主席委员会定期召开会议,每年至少召开两次会议,并向各自的管理委员会报告。

4. CENELEC技术委员会

CENELEC技术委员会(CENELEC Technical Board, BT)负责控制标准计划并推进CEN-CENELEC管理中心(CCMC)、技术协会(TC)和其他机构的执行工作。其主要职责是对标准工作的组织、工作程序、协调和规划等所有事项提出建议,批准CEN技术政策和战略,审查和决定新项目的提案等。

(二) CENELEC(欧洲电工标准化委员会)

CENELEC 于 1976 年正式成立,负责制定电工领域的自愿性标准,致力于促进国家间的贸易、创造新市场、降低合规成本并支持欧洲单一市场的发展。截至 2023 年底,CENELEC 的成员国包括英国、奥地利、比利时等 34 个欧洲国家。CENELEC 主要由以下机构组成:

1. CENELEC 全体大会

CENELEC 全体大会(CENELEC General Assembly,AG)是 CENELEC 的最高管理机构,由总统主持,在组织内拥有全权决策权。CENELEC 全体大会决定 CENELEC 的政策,由 CENELEC 每个成员国的国家电工委员会(NC)的代表团组成。

2. CENELEC 管理委员会

CENELEC 管理委员会(CENELEC Administrative Board,CA)负责管理 CENELEC 的业务。此外,它还准备 CENELEC 全体大会的会议议程,包括拟议的建议,并确保正确执行大会做出的决定。普通大会每年在第一、第二季度召开一次。CENELEC 主席也可以召集临时大会。

3. 主席委员会

主席委员会(Presidential Committee,PC)是 CEN 和 CENELEC 的联合机构,负责管理与两个协会共同感兴趣的其他行业特定事项有关的活动,包括受共同管理和/或共同政策约束的事项。主席委员会定期召开会议,每年至少召开两次会议,并向各自的管理委员会报告。

4. CENELEC 技术委员会

CENELEC 技术委员会(CENELEC Technical Board,BT)负责控制标准计划并推进 CEN-CENELEC 管理中心(CCMC)、技术协会(TC)和其他机构的执行工作。CENELEC 技术委员会由主席和/或副主席以及来自 CENELEC 的一名常任代表组成。CENELEC 技术委员会的职能包括:

(1) 决定标准工作的组织、工作程序、协调和规划等事项;

(2) 与 CCMC 密切合作,特别是与 TC 主席和秘书协商,监督和控制标准工作的进展;

(3) 审查每个 TC 的名称、范围和工作计划,以确保最大限度地协调和避免重叠,并确保每个 TC 参与有限数量的可行项目;

(4) 审查新项目的提案;

(5) 决定应该发布哪些问卷并评估其结果;

(6) 设立和解散委员会,分配秘书处并任命主席;

(7) 施加或解除停顿义务,同时处理成员提出的发布相关国家标准的要求;

(8)组织与政府间组织、国际组织以及欧洲贸易、专业、技术和科学组织的技术联络；

(9)对上诉进行审议和裁决；

(10)承担大会或行政委员会代表大会特别要求的与标准工作有关的其他任务。

(三)ETSI(欧洲电信标准化协会)

ETSI成立于1988年,是由欧共体委员会批准建立的一个非营利性的电信标准化组织。负责欧洲电信、广播和信息技术方面的标准化工作,截至2023年底,ETSI拥有900多个成员,涵盖65个国家和五大洲,是欧洲三大标准化组织之一。ETSI以"为有志者提供平台,合作开发并在全球范围内推广ICT系统和服务的标准"为愿景,并以数字化中心、标准推动者、全球化、多元化、包容性为五大战略方向。ETSI主要包括全体大会、委员会及秘书处三个机构。

1. ETSI全体大会

ETSI全体大会(ETSI General Assembly,GA)是ETSI的最高决策机构,负责以下事务：

(1)确定ETSI的总体政策和战略；

(2)商定预算；

(3)处理会员问题；

(4)任命ETSI董事会成员；

(5)任命ETSI总干事；

(6)任命财务委员会成员；

(7)认可外部协议；

(8)批准修改ETSI的章程和议事规则。

2. ETSI委员会

ETSI委员会(ETSI Administrative Board)是全体大会的执行机构,负责以下事务：

(1)监督ETSI的工作计划；

(2)批准ETSI技术委员会、ETSI项目和协调小组的职权范围(TOR)；

(3)批准ETSI技术委员会主席的任命；

(4)为专家或测试工作组批准资源和设定职责范围。

3. 秘书处

秘书处由总干事和四名首席执行官领导,由约120名来自不同国家和地区的高级专家和工程师组成跨国员工团队(2023年的统计数据),负责为所有活动提供技术、行政和后勤支持,其工作任务包括：

(1)为个别委员会和项目提供支持；

(2)秘书处的测试和互操作性中心为ETSI技术委员会提供支持和协助,确保标准编写良好、完整、清晰、明确,结构良好；

(3)秘书处的编辑专家团队协助处理、批准和发布ETSI委员会起草的标准；

(4)提供通信服务,以确保有关 ETSI 工作的信息可用且为人所知;
(5)在秘书处主持 ETSI 委员会会议;
(6)组织研讨会和活动;
(7)与外部组织(如欧盟委员会和其他标准化组织等)保持联系;
(8)管理财务、IT服务、法律服务,与人力资源就预算和财务问题向大会提出建议。

三、中国标准化管理体系

我国标准化工作的主要开展形式是政府主导、民间参与。2021年10月我国印发《国家标准化发展纲要》,全面布局未来的标准化工作,提出到2025年实现标准供给由政府主导向政府与市场并重转变,标准运用由产业与贸易为主向经济社会全域转变,标准化工作由国内驱动向国内国际相互促进转变,标准化发展由数量规模型向质量效益型转变的"四个转变",实现全域标准化深度发展、标准化水平大幅提升、标准化开放程度显著增强、标准化发展基础更加牢固的"四个目标"。

(一)国家市场监督管理总局

国家市场监督管理总局是国务院直属机构,为正部级。其所承担的标准化相关职责包括:

1. 负责市场综合监督管理

起草市场监督管理有关法律法规草案,制定有关规章、政策、标准,组织实施质量强国战略、食品安全战略和标准化战略,拟订并组织实施有关规划,规范和维护市场秩序,营造诚实守信、公平竞争的市场环境。

2. 负责统一管理标准化工作

依法承担强制性国家标准的立项、编号、对外通报和授权批准发布工作。制定推荐性国家标准。依法协调、指导和监督行业标准、地方标准、团体标准制定工作。组织开展标准化国际合作和参与制定、采用国际标准工作。

(二)国家标准化管理委员会

中国国家标准化管理委员会(Standardization Administration of China,SAC)成立于2001年10月,现为由国家市场监督管理总局管理的事业单位。

1. 主要职责

国家标准化管理委员的主要职责包括:
(1)以国家标准化管理委员会名义,下达国家标准计划,批准发布国家标准,审议并发布标准化政策、管理制度、规划、公告等重要文件;
(2)开展强制性国家标准对外通报;
(3)协调、指导和监督行业、地方、团体、企业标准工作;
(4)代表国家参加国际标准化组织、国际电工委员会和其他国际或区域性标准化组织;

（5）承担有关国际合作协议签署工作；

（6）承担国务院标准化协调机制日常工作。

2. 内设机构

国家标准化管理委员下设标准技术管理司、标准创新管理司。

（1）标准技术管理司。负责拟订标准化战略、规划、政策和管理制度并组织实施；承担强制性国家标准的立项、编号、对外通报和授权批准发布工作；协助组织查处违反强制性国家标准等重大违法行为；组织制定推荐性国家标准（含标准样品），承担推荐性国家标准的立项、审查、批准、编号、发布和复审工作；承担国务院标准化协调机制的日常工作；承担全国专业标准化技术委员会管理工作；承办总局交办的其他事项。

（2）标准创新管理司。负责协调、指导和监督行业、地方标准化工作；规范、引导和监督团体标准制定、企业标准化活动；开展国家标准的公开、宣传、贯彻和推广实施工作；管理全国物品编码、商品条码及标识工作；承担全国法人和其他组织统一社会信用代码相关工作；组织参与国际标准化组织、国际电工委员会和其他国际或区域性标准化组织活动；组织开展与国际先进标准对标达标和采用国际标准相关工作；承办总局交办的其他事项。

（三）省、自治区、直辖市人民政府标准化行政主管部门

省、自治区、直辖市人民政府标准化行政主管部门负责统一管理所属行政区域内的标准化工作，其主要职责包括：

（1）贯彻国家标准化工作的法律、法规、方针、政策，并制定所属行政区域实施具体办法；

（2）制定地方旅游标准化工作规划、计划，组织制定地方标准；

（3）指导所属行政区域旅游行政主管部门的标准化工作，协调和处理有关标准化工作问题；

（4）在所属行政区域组织实施标准，对标准实施情况进行监督检查。

（四）全国专业标准化技术委员会

专业标准化技术委员会是指在一定专业领域内，从事国家标准起草和技术审查等标准化工作的非法人技术组织。其主要职责包括：

（1）提出本专业领域标准化工作的政策和措施建议；

（2）编制本专业领域国家标准体系，根据社会各方的需求，提出本专业领域制修订国家标准项目建议；

（3）开展国家标准的起草、征求意见、技术审查、复审及国家标准外文版的组织翻译和审查工作；

（4）开展本专业领域国家标准的宣传贯彻和国家标准起草人员的培训工作；

（5）受国务院标准化行政主管部门委托，承担归口国家标准的解释工作；

（6）开展标准实施情况的评估、研究分析工作；

（7）组织开展本专业领域国内外标准一致性比对分析，跟踪、研究相关领域国际标

实践案例

安吉"标准化+"赋能效应迸发

准化的发展趋势和工作动态；

(8) 管理下设分技术委员会；

(9) 承担国务院标准化行政主管部门交办的其他工作。

第四节　旅游标准化的缘起与特点

一、旅游标准化的缘起

如今，旅游业已成为世界经济中增速较快的行业，创造了大量就业机会，并对其他行业有着显著的辐射效应。而作为全球规模较大的产业，旅游业对社会经济、文化和环境等方面产生了巨大的影响，关于旅游业的质量管理由来已久。为加强对旅游业的质量监管，2005年ISO成立了国际标准化组织旅游及相关服务技术委员会（ISO/TC 228），将秘书处设在西班牙标准化协会（UNE）。截至2023年2月，共有126个国家和地区加入了ISO/TC 228，其中60个为参与成员，46个为观察成员，共发布了46条国际标准，内容包括潜水、工业旅游、探险旅游、港口、住宿设施或无障碍旅游的可持续管理系统等。

从时间上看，中国旅游标准化的发展早于欧洲国家。

自1978年改革开放以来，出于对外汇的需求，我国开始大力发展入境旅游，入境旅游者成为我国饭店业的主要客源。基础设施建设不足等原因，导致我国饭店业的服务设施、服务质量和管理水平相对低下，这一度制约了我国旅游业的发展。

为了改善饭店业服务设施和提高服务质量，加快与国际饭店业的接轨，1987年，国家旅游局在借鉴国际经验和实践探索的基础上，启动了我国旅游服务业第一个国家标准的研究和制定工作，并于1993年发布《旅游涉外饭店的星级划分及评定》（GB/T 14308—1993），这一标准的发布开创了我国旅游服务领域实施标准化管理的先河。

1995年，经国家标准化管理委员会批复，国家旅游局成立旅游标准化专业机构——全国旅游标准化技术委员会（SAC/TC 210，简称"全国旅标会"），主要负责旅游领域的国家标准编制和修订工作，对口国际标准化组织旅游及相关服务技术委员会（ISO/TC 228）。SAC/TC 210由国家标准化管理委员会委托国家旅游局（现文化和旅游部）负责领导和管理，其委员由旅游行政管理人员、旅游专家及旅游企业的专业人员组成。

2000年，国家旅游局发布实施《旅游业标准体系表2000》，首次建立了以旅游六要素（吃、住、行、游、购、娱）为基础的标准体系框架。

2009年，国家旅游局印发了《全国旅游标准化发展规划（2009—2015）》，这是我国首次编制的旅游标准化发展规划，是全国旅游标准化建设的纲领性文件。

2016年，国家旅游局发布《全国旅游标准化发展规划（2016—2020）》，提出五大主要任务和五个重点工程。

二、旅游标准化的特点

（一）起草单位多元

除了 ISO/TC 228 等国际组织制定的国际旅游标准，国家或地方旅游标准化主要是由大量地方标准共同推动。我国在编制旅游标准的过程中，在标准制定单位方面，开始出现政府、行业协会、企业和研究机构齐头并进的局面，甚至多种机构联合参与也是旅游标准编制工作的常态。起草单位多元化格局的出现主要有两方面原因：一是旅游业所涉及的领域广且各领域分属不同政府部门管理。旅游业涉及吃、住、行、游、购、娱六大领域，而这六个领域并不是由同一个政府部门管理的，因而呈现出多部门共同参与旅游市场活动管理的局面。同时，在酒店业、旅行社业还存在诸多具有评定、管理功能的行业协会。多管理主体势必造成标准起草单位的多元化。二是旅游标准研究需要融合多种专业知识，包括标准科学技术、管理学、地理学、建筑学、旅游学等学科理论。而高校及研究所等拥有不同专业的优秀人才，这为学术机构参与旅游标准制定提供了人才基础。

（二）分类认证多样

旅游业中的认证是指向符合或超过认证机构规定的一系列标准的人授予标志或印章的过程，是面向企业的自愿性项目。而旅游活动与旅游业具有多样化的特点，其供应链及产业链横跨三大产业，因此旅游业的认证并非易事。旅游认证数量在世界范围内的激增，致使消费者产生困惑、品牌缺乏认知度和标准存在广泛差异。GSTC（全球可持续旅游委员会）于 2007 年由 UNEP（联合国环境规划署）、UN Foundation（联合国基金会）、UNWTO（联合国世界旅游组织，于 2024 年 1 月 24 日更名为联合国旅游组织）与 32 个旅游业知名合作伙伴共同组成，旨在促进普遍的可持续旅游实践。GSTC 与 ASI（铝业管理协议）合作，为酒店/住宿、旅行社和目的地等提供可持续发展的认证服务。澳大利亚旅游业委员会推出的"优质旅游框架"（Quality Tourism Framework, QTF）项目提供四种级别的认证，包括优质旅游要素（Quality Tourism Essentials）、可持续旅游（Sustainable Tourism）、数字化营销要素（Digital Distribution Marketing Essentials）、贸易营销促进（Trade Marketing Boost），企业在获得前两种认定的基础上，还可申请 EcoStar、Camps & Adventure Accreditation、International Ready Accreditation、Marine Tourism Accreditation 等项目认定。中国有《旅游饭店星级的划分与评定》（GB/T 14308—2023）、《旅游区（点）质量等级的划分与评定》（GB/T 17775—2003）、《民族民俗文化旅游示范区认定》（GB/T 26363—2010）、《旅游度假区等级划分》（GB/T 26358—2022）等相关认证标准。此外，商业标准质量认证项目也开始展现出广泛影响力。如 China Ready 集团提供的 CHINA READY & ACCREDITED 全球质量服务认证服务，其认证商标已获得英国、美国、加拿大、澳大利亚和新西兰等国的政府以及保护消费者合法权益和保障公平交易的相关机构的批准。

（三）适用主体多级

由于不同国家或地区经济基础、产业背景及旅游资源等存在巨大差异,以及旅游业突出的服务性特点,地方旅游标准在产品生产及服务方面的要求存在较大弹性。现阶段我国旅游标准的适用范围存在国家级、省级、市级三个层次。在国家层面,有《旅游规划通则》(GB/T 18971—2003)、《旅游景区服务指南》(GB/T 26355—2010)、《旅游景区数字化应用规范》(GB/T 30225—2013)、《旅游景区可持续发展指南》(GB/T 41011—2021)等,其规范内容适用于全国范围内旅游企业及旅游相关企业的经营活动。在省级层面,有湖北省的《湖北省旅游名镇评定规范》(DB 42/T 1173—2016)、浙江省的《文化遗产旅游景区服务规范》(DB 3301/T 0361—2022)、海南省的《邮轮旅游服务规范》(DB 46/T 493—2019)等。在市级层面,有三亚市的《三亚市自驾车旅游露营地建设与服务规范》(DB 46/T 250—2013)、海口市的《海口市乡村旅游区(点)等级划分与评定》(DB 46/T 270—2014)、成都市的《成都市旅馆业治安安全防范规范》(DB 5101/T 111—2021)等。

本章小结

(1) 西方工业革命的发展,催生了标准及标准化。标准及标准化在产品制造、质量保证、企业管理等方面具有重要意义。标准化正在由传统标准化向联盟标准化过渡。其中,传统标准化组织本质上是一种民间非营利组织,以"自愿性"与"开放透明"和"协商一致"为基本原则;联盟标准化组织是在产业联盟实践基础上形成的标准化形式,采取会员制模式进行管理。

(2) 标准是指为了在一定的范围内获得最佳秩序,经协商一致制定并由公认机构批准的,共同使用的和重复使用的规范性文件。标准化的任务在于制定标准、组织实施标准,以及对标准的制定、组织实施进行监督。

(3) 标准化的基本原理包括:简化、统一化、有序化。简化是指对创新方案的选择和简化;统一化是指在一定时期内、一定条件下,使标准化对象的形式、功能或其他技术特性具有一致性;有序化是指通过简化、统一化、通用化、系列化、组合化等手段,对事物的无序化进行人为干预,以降低社会的无序程度。

(4) 标准具有多种分类方式:根据适用范围,标准可分为国家标准、行业标准、地方标准、企业标准;根据法律属性,标准可分为强制性标准、推荐性标准、标准化指导性技术文件;根据标准的性质,标准可分为技术标准、管理标准、工作标准;根据标准化的对象和作用,标准可分为基础标准、产品标准、过程标准、服务标准、方法标准、安全标准、卫生标准、环境标准;根据标准的要求程度,标准可分为规范标准、规程标准、指南标准。

(5) 三大国际标准化组织包括:ISO(国际标准化组织)、ITU(国际电信联盟)、IEC(国际电工委员会)。区域标准化组织主要包括:CEN(欧洲标准化委员会)、CENELEC(欧洲电工标准化委员会)、ETSI(欧洲电信标准化协会)。中国标准化管理机构包括:国家市场监督管理总局,国家标准化管理委员会,省、自治区、直辖市人民政府标准化行政主管部门,全国专业标准化技术委员会等。

(6)由于产业业态多样化及主管部门分散化,旅游标准化常表现出起草单位多元、分类认证多样、适用主体多级的特点。

本章训练

一、简答题

1. 简述标准化的基本原理并进行解释。
2. 简述标准及标准化的概念。
3. 请以标准适用范围为依据,对标准进行分类。

二、项目实训

除了本章所介绍的旅游质量标准认证案例,你还知道哪些旅游质量标准认证机构或项目?请搜集并整理相关信息(包括但不限于认证机构、认证要求、认证流程等内容),并进行分享。

在线答题
第一章

第二章
中国旅游标准化概述

 本章概要

　　旅游业标准化工作曾处在全国领先地位,旅游饭店星级评定标准在推动服务行业的标准化工作中做出了重要贡献,开创了中国旅游标准化的先河。中国旅游标准化的发展目前经历了两个阶段,包括启蒙阶段与规范阶段,通过建立政府引导、协会主导、企业参与的协同机制,建立国家标准、行业标准、地方标准、企业标准相互衔接的旅游标准化体系。2010年至2020年,我国先后开展了四批全国旅游标准化试点地区创建工作,为旅游标准化营造了良好氛围。未来,中国旅游标准化将由"政府主导"向"社会联动"转变,无障碍旅游、国际化与区域化将成为旅游标准化发展的重要方向。

 **学习目标**

知识目标

(1)掌握中国标准化中各级组织的角色及任务。
(2)掌握中国旅游标准化未来的发展趋势。
(3)熟悉中国旅游标准化发展规划的内容。
(4)了解标准化及旅游标准化的发展历程。

能力目标

(1)提升标准化意识。
(2)培养标准创新思维。

素养目标

(1)了解中国旅游标准化的发展历程,深入了解我国在旅游标准化方面付出的努力和取得的成就,增强文化自信。
(2)正确认识旅游标准化的组织体系和政府的引导作用,增强政治意识。

知识导图

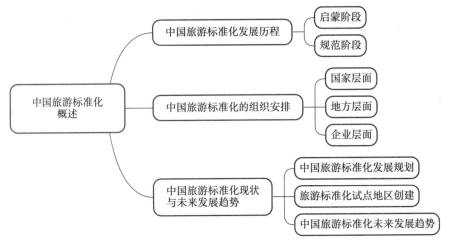

 章节要点

中国旅游标准化的组织机构、中国旅游标准化未来的发展趋势。

第一节 中国旅游标准化发展历程

一、启蒙阶段

1993年,国家旅游局发布《旅游涉外饭店星级的划分及评定》(GB/T 14308—1993),为中国旅游标准化建设拉开帷幕。后历经几次制修订,2023年发布的《旅游饭店星级的划分与评定》(GB/T 14308—2023)为第四次修订。作为中国旅游标准化工作的开篇之作,《旅游涉外饭店星级的划分及评定》(GB/T 14308—1993)标准的出台,不仅对我国旅游业,而且对全国服务性行业标准化工作起到了非常显著的示范作用。此后的几十年中,旅游相关的国家标准、行业标准、地方标准等相继出台,中国旅游标准体系经历了从无到有再到逐渐完善的发展过程,在提高旅游业服务质量和管理水平、增强企业竞争力、提升企业知名度、拓展旅游市场等方面取得了显著成效。如今,"星级"的概念已经家喻户晓,并成为消费档次和服务质量的象征。

1978年改革开放以来,出于对外汇的需求,我国开始大力发展入境旅游,入境旅游者成为我国饭店业的主要客源。由于基础设施建设的不充分,我国饭店业的服务设施、服务质量和管理水平相对低下,这一度成为我国旅游业发展的瓶颈。为了改善饭店业服务设施和提高服务质量,加快与国际饭店业接轨,1993年,国家旅游局在借鉴国际经验和自身实践探索的基础上,发布了我国旅游服务行业中第一个国家标准——《旅游涉外饭店的星级划分及评定》(GB/T 14308—1993),开创了我国旅游服务领域实施标准化管理的先河。

1995年,经国家标准化管理委员会批复,国家旅游局成立旅游标准化专业机构——全国旅游标准化技术委员会(编号SAC/TC 210,简称"全国旅标会"),主要负责旅游领域的国家标准编制和修订工作,对口ISO/TC 228。SAC/TC 210由国家标准化管理委员会委托国家旅游局(现文化和旅游部)领导和管理,其委员由旅游行政管理人员、旅游专家及旅游企业的专业人员组成。

1998年,国务院在"三定"方案中赋予国家旅游局"拟定各类旅游景区景点、度假区及旅游住宿、旅行社、旅游车船和特种旅游项目的设施标准和服务标准并组织实施"及"制定旅游从业人员的职业资格标准和等级标准并指导实施"的职能。此外,国家旅游局还设置质量标准处,专职负责全国旅游标准化的具体工作,同时承担全国旅游标准化技术委员会秘书处的工作。

1999年,国家旅游局起草制定了《全国旅游标准化技术委员会章程》和《全国旅游标准化技术委员会秘书处工作细则》,对于全国旅游标准化技术委员会的工作任务、组织机构、工作程序、经费来源及使用等内容做出明确指示,奠定了旅游标准化建设的制度基础。

二、规范阶段

21世纪,自中国正式加入WTO以来,中国旅游积极与世界接轨,旅游标准化建设的步伐也由此加速。2000年,国家旅游局发布并施行了《旅游标准化工作管理暂行办法》,对旅游标准化工作的宗旨、范围、任务、管理,以及旅游标准的制定、审查、发布实施、监督等方面进行了具体的规定。《旅游标准化工作管理暂行办法》对旅游标准化工作的整体流程及落实手段进行了科学分析与安排,将旅游标准化工作视为提升旅游业监管水平的重要手段。同年,国家旅游局还发布了《旅游业标准体系表2000》,构筑以"吃、住、行、游、购、娱"旅游业六要素为基础的旅游标准体系框架,为旅游业的健康发展提供了科学、规范的技术支撑,是旅游标准化工作发展里程碑式的事件。《旅游标准化工作管理暂行办法》和《旅游业标准体系表2000》的发布对全面提高旅游服务质量和管理水平,实现旅游业科学管理起到了积极促进作用。

2001年至2003年,国家旅游局相继制定了6项国家标准——《标志用公共信息图形符号 第1部分:通用符号》《标志用公共信息图形符号 第2部分:旅游设施与服务符号》《旅游区(点)质量等级的划分与评定》《旅游规划通则》《旅游资源分类、调查评价》《旅游厕所质量等级的划分与评定》,以及1项行业标准——《旅行社出境旅游服务质量》,中国旅游标准化的核心标准体系初步形成。

2003年,在第三届全国旅游标准化技术委员会换届之际,该委员会增设了旅游住宿、旅行社、旅游车船、旅游餐饮、旅游商品、旅游娱乐、旅游产品开发、旅游信息8个专家委员会。实行旅游标准立项年度计划申报制度,对于建立旅游标准项目库和与国家标准化管理委员会立项年度计划工作的衔接都具有积极的意义。

2005年，国家旅游局起草制定了《全国旅游标准化2006—2010年发展规划》，提出了此后5年全国旅游标准化发展的指导思想、主要目标、任务和措施，目的是推动我国旅游标准化工作不断深入，进一步提高服务质量和产业竞争力，保护消费者权益，促进我国旅游业加快发展，为实现旅游强国的宏伟目标提供强有力的技术支撑。

2009年，国家旅游局编制了《全国旅游标准化发展规划（2009—2015）》，提出：建立适应我国旅游业发展的旅游标准化管理体制和工作机制；建立健全旅游业基础标准、旅游业要素系统标准、旅游业支持系统标准和旅游业工作标准四大业务领域标准；建立旅游标准动态化优化、组织协同、宣传推广、监管评估四大运行机制；在旅游标准自主创新和领域拓展、旅游标准化管理体制与机制创新、旅游品牌培育和质量提升、旅游标准化理论的研究与标准体系的构筑四个方面形成创新突破；有效提升旅游行业规范度和旅游标准领域覆盖率、旅游产品质量和管理服务水平、旅游产业素质和旅游产业地位、旅游强国建设能力和旅游国际竞争力，这些目标既是提升旅游业的有效手段，也是旅游标准化发展的重难点。为了更好地促进《全国旅游标准化发展规划（2009—2015）》的实施，国家旅游局于同年发布了《旅游业标准体系表2009》，调整了2000年版体系表的二元结构，使旅游标准更完善、覆盖更全面，并发布实施了《全国旅游标准化工作管理办法》。

由于旅游业向更泛化的国民休闲业发展，2009年11月，经国家标准化管理委员会批复，全国休闲标准化技术委员会（编号SAC/TC 498）成立，主要负责传统特色休闲方式开发与保护、现代休闲创意与服务、主题休闲俱乐部服务、休闲节庆活动、休闲咨询服务等领域的国家标准的制修订工作，并发布了《全国休闲标准化技术委员会章程（草案）》《休闲标准体系》和《全国休闲标准化技术委员会2009—2014年工作计划（讨论稿）》。2009年12月，国家标准化管理委员会和国家旅游局在北京共同签署了《国家旅游局和国家标准化管理委员会关于推动旅游标准化工作的战略合作协议》，以标准化为手段进一步推进旅游业的发展。该协议主要包括四个方面的内容：国家标准化管理委员会和国家旅游局共同组建"旅游标准化工作协调推进委员会"，研究、协调、推动旅游标准化工作的有关事宜；国家标准化管理委员会将把旅游业作为服务业标准化的重要领域，为旅游标准化工作提供政策、技术支持和业务指导；国家旅游局将全力支持服务业标准体系建设，在旅游业更好地宣传贯彻相关服务业标准；双方在联合制定旅游标准化发展政策文件、推进完善旅游标准体系、建立旅游标准化人才培训制度、支持地方开展旅游标准化试点、推动旅游标准化工作国际化和加强旅游标准化工作资金保障等重点领域开展深入合作。

2009年9月，国家旅游局还发布了《全国旅游标准化工作管理办法》，对旅游标准化工作中涉及的相关组织机构及其职责、标准立项、标准制定与审查发布、标准实施与监督等内容进行规范。在内容设计上，该文件旨在明晰旅游标准化工作任务、厘清旅游标准化工作管理体制、融合国家标准化管理的统一要求、充实旅游标准的实施监督手段等。

2010年，为进一步促进全国旅游标准化工作发展，国家旅游局正式在全国范围内全面推进旅游标准化试点工作，并发布了《全面推进旅游标准化试点工作实施细则》。

2011年,旅游标准化试点工作已经在全国各省的重点旅游城市展开,进一步促进了旅游标准化工作的普及。

2016年,国家旅游局对《全国旅游标准化发展规划(2009—2015)》进行了修编,完成了《全国旅游标准化发展规划(2016—2020)》,该规划适应了全域旅游发展及旅游业标准化发展的新形势,对编制思路及标准体系进行了调整[①]。

随着时代的发展变化,文化和旅游标准化工作政策基础、组织架构、覆盖范围和管理要求等相应发生变化,为了适应新形势和新要求,文化和旅游部基于文化和旅游领域原有的制度成果,及时纳入最新的政策精神和管理规定。2023年2月21日,文化和旅游部发布《文化和旅游标准化工作管理办法》,该文件共五章二十八条,包括总则、机构与职责、标准的制定、标准的实施和监督以及附则。其中,第一章主要明确标准化工作目的、适用范围、工作原则;第二章重点厘清文化和旅游部科技教育司、文化和旅游部相关业务司局、文化和旅游部管理的技术委员会等的工作职责;第三、第四章详细说明文化和旅游标准制定、实施和监督全过程的管理要求和程序。

截至2023年7月,全国旅游标准化技术委员会已发布旅游国家标准35项、旅游行业标准69项,共计104项;全国休闲标准化技术委员会已发布休闲国家标准25项。旅游标准化大事记见图2-1。

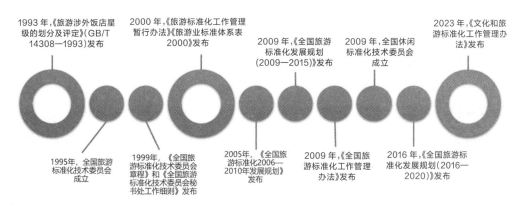

图2-1 旅游标准化大事记

第二节 中国旅游标准化的组织安排

我国旅游标准可以划分为国家层面、地方层面、企业层面等不同层面,不同层面的旅游标准有着相应的推进主体、标准范畴、反馈机制、保障措施等。我国旅游业标准化工作分类实施路径具体见图2-2。

---

①第二章第三节会对此部分内容展开说明,此处不再赘述。

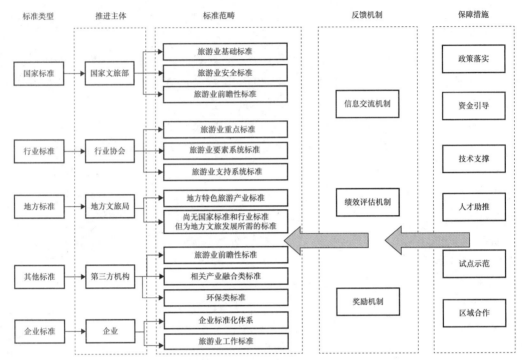

图 2-2 我国旅游业标准化工作分类实施路径图

一、国家层面

（一）以行政力量进行引导

中国旅游标准化始于改革开放时期，旅游标准化是实现旅游创汇任务的基础条件，而行政力量在中国旅游发展历程中发挥了不可替代的作用。在对外开放和初步改革阶段，旅游业发展方针是优先发展入境旅游，对国内旅游则采取"不提倡、不宣传、不反对"的政策，将入境旅游作为获取外汇的主要手段。旅游业工作任务的着力点在于推动入境旅游的发展，打破制约入境旅游发展的制度障碍，进而推动对外开放，让世界了解中国，也让中国走向世界。而在改革开放初期，中国饭店业基础设施及服务质量同入境旅游者的消费需求存在较大差异，为改善饭店业服务设施，提升旅游服务体验，加快同国际饭店业的接轨，1993 年，国家旅游局发布了《旅游涉外饭店星级的划分及评定》(GB/T 14308—1993)，该标准有效地提升了中国旅游产品的供给质量，解决了当时旅游接待能力不足的困境，促进了入境旅游的迅猛发展。此后，政府开始介入并主导中国旅游标准化建设工作，通过制定旅游标准化发展规划、实施方案，成立工作专班等，逐渐形成了中国旅游标准化发展的制度机制，推动旅游标准化建设不断深入与完善。国务院 2021 年 12 月印发《"十四五"旅游业发展规划》，对我国旅游标准化工作做出了部署："健全旅游标准化工作机制和协调机制，加快相关国家标准制修订，完善行业标准、地方标准，推动企业标准和团体标准发展，提升标准质量，加强标准宣传贯彻和实施情况分析，继续在旅游领域开展标准化试点示范建设，推动旅游标准国际化。"

在文化和旅游方面,我国先后出台了《全国旅游标准化2006—2010年发展规划》《全国旅游标准化发展规划(2009—2015)》《全国旅游标准化发展规划(2016—2020)》等规划文件,分别针对各个时期旅游业的发展趋势、旅游业的实践问题、旅游标准化建设难点等现实情况制定该阶段旅游标准化建设的主要任务及重点目标,将计划融入市场、以规划引领发展,在开展市场分析、适应发展新形势的基础之上探索出了一条中国特色旅游标准化建设道路。

(二)专业化机构运作

1995年,SAC/TC 210的成立标志着中国旅游标准化进入了专业化运作的阶段,由专门的机构负责标准的制定和修订工作,在编制旅游标准时充分考虑旅游业的特点和需求,可以更加系统和科学地规范旅游业的发展。SAC/TC 210还与ISO/TC 228保持着紧密的联系和合作。这种对口关系有助于借鉴和吸收国际上的先进标准和经验,推动中国旅游标准与国际接轨,提升中国旅游业的竞争力和国际影响力。

(三)顶层设计与落地实施相结合

2009年,国家旅游局编制了《全国旅游标准化发展规划(2009—2015)》,提出:建立适应我国旅游业发展的旅游标准化管理体制和工作机制;建立健全旅游业基础标准、旅游业要素系统标准、旅游业支持系统标准和旅游业工作标准四大业务领域标准;建立旅游标准动态化优化、组织协同、宣传推广、监管评估四大运行机制;在旅游标准自主创新和领域拓展、旅游标准化管理体制与机制创新、旅游品牌培育和质量提升、旅游标准化理论的研究与标准体系的构筑四个方面形成创新突破;有效提升旅游行业规范度和旅游标准领域覆盖率、旅游产品质量和管理服务水平、旅游产业素质和旅游产业地位、旅游强国建设能力和旅游国际竞争力,这些目标既是提升旅游业的有效手段,也是旅游标准化发展的重难点。为了更好地促进《全国旅游标准化发展规划(2009—2015)》的实施,国家旅游局同年发布了《旅游业标准体系表2009》,调整了2000年版体系表的二元结构,使旅游标准更完善、覆盖更全面,并发布实施了《全国旅游标准化工作管理办法》。2023年2月21日,文化和旅游部发布《文化和旅游标准化工作管理办法》,明确文化和旅游部旅游标准化工作归口科技教育司日常管理。目前,在文化和旅游部相关司局的指导下,我国已基本形成"全国旅标会制定、地方旅标部门推行"的上下联动工作方式,注重标准实施的绩效性查验。

二、地方层面

(一)结合国家标准与行业标准进行行业规范化管理

在全国旅标会的指导下,地方政府可因地制宜制定地方标准,以适应本地区旅游业的特点和需求。地方标准的制定是全国旅游标准化体系的重要组成部分,地方政府可以根据本地区的旅游资源、特色和发展方向,制定适合当地情况的地方标准。这些标准可以涵盖旅游景区的管理、旅游企业的运营规范、旅游产品的质量要求等方面。

地方政府还可以加强与文化和旅游部以及相关行业组织的合作，参与标准的制定过程，提供地方的先进实践经验。

地方政府也是旅游标准化宣贯环节的重要保障，负责地方旅游标准化发展规划的落实与旅游业监督管理工作的落实，通过培训辅导、监督检查、定期考核等方式，培养旅游业人员及相关从业人员的标准化意识，从而推动整个行业向着规范化和专业化发展。

（二）针对本地区特点积极编制地方旅游标准

例如，1999年6月21日江苏省南京市发布了地方标准《中国南京夫子庙秦淮风光带综合服务通用要求》(DB 32/T 292.1—1999)和《中国南京夫子庙秦淮风光带综合服务质量标准、服务质量管理规范和岗位作业规范编制指南》(DB 32/T 292.2—1999)，标志着我国地方旅游标准化建设的起步。2003年，全国第一个省（直辖市）级服务标准化技术委员会——上海市服务标准化技术委员会成立。同年，镇江市发布《镇江市旅游景区游览服务质量规范(试行)》，山西省发布《山西省绵山风景名胜区旅游服务规范》(DB 14/T 115—2003)，上海市发布《农家乐旅游服务质量等级划分》(DB 31/T 299—2003)。这些文件的发布标志着我国地方旅游标准化建设处于不断深化推进中。

2003年上海市、浙江省、江苏省正式启动区域旅游标准一体化工作，开展了旅游标准化建设合作，形成旅游标准化建设例会制度，并于2007年发布了首个区域标准《旅游景区(点)道路交通指引标志设置规范》。这是我国地方旅游标准化建设和旅游业区域联合发展的重大举措，有效地推进了我国旅游业的区域合作发展，并且通过统一标识，极大地节省了人力、资本投入，增加了旅游收入。2008年国家旅游局、质量规范与管理司汇编出版了《旅游业地方标准(一)》，全书共收录了地方旅游类标准47项，标准化对象主要包含了民俗旅游村、旅行社等级、农家乐、餐馆等级、旅游购物点、景区建设，以及一些专项，如滑雪、温泉、漂流等。全国标准信息公共服务平台(https://std.samr.gov.cn/)由国家市场监督管理总局和国家标准化管理委员会主管，国家市场监督管理总局国家标准技术审评中心主办，该平台集成了国家标准、行业标准、地方标准、团体标准等标准信息，可供公众自由查阅。

三、企业层面

（一）贯彻实施国家层面的旅游行业标准

作为旅游业的从业者，企业承担着直接提供旅游产品和服务的责任和义务，其积极性和主动性是旅游标准能够得到贯彻执行的关键。企业应全面了解和熟悉国家层面的旅游行业标准，对相关的标准文件进行学习和解读，确保对标准的内容和要求有清晰的理解。企业还需投入必要的人力、物力和财力，加强对员工的培训和教育，提高员工的标准意识和质量意识，确保员工能够按照标准要求进行操作和服务；建立内部监督机制，对标准的执行情况进行监控和评估，及时发现问题并采取纠正措施。

（二）构建确保日常运营的企业标准体系

企业标准是指由企业制定并在企业内部应用的标准,一般在技术上高于上层标准,体现了企业的核心竞争力。欧美发达国家的一些企业率先自行制定内部标准,很多企业标准随着不断发展改进还会上升为国家标准甚至国际标准。与西方国家的标准化发展方向相反,我国在以政府为主导的标准化发展模式下,首先建设国家标准,而企业标准化建设并未得到足够的重视,这与我国旅游企业所存在的弱、小、散、差,没有话语权等问题有关。除了一些景区零星地制定了服务规范,其他旅游企业特别是旅行社基本没有标准,有的只是一些条例和规章制度。但规章制度的制约性功能无法代替标准的引导功能,我国旅游企业标准化建设是我国旅游标准化建设中的薄弱环节。企业应综合考虑国家层面的旅游业标准要求及自身的实际情况,在此基础上,制定相应的内部管理制度和操作规程,并根据标准要求,建立健全管理体系,包括产品质量管理、服务流程管理、安全风险管理等方面。

第三节　中国旅游标准化现状与未来发展趋势

一、中国旅游标准化发展规划

我国的旅游标准化始于20世纪90年代。1993年,首个旅游业国家标准《旅游涉外饭店星级的划分及评定》(GB/T 14308—1993)的发布,可视为我国旅游标准化工作正式启动的标志。1995年,我国成立了国家级旅游标准化专业机构——全国旅游标准化技术委员会(SAC/TC 210)。2009年,国家旅游局发布《全国旅游标准化发展规划(2009—2015)》,并对旅游业标准体系表进行修订完善。2016年,《全国旅游标准化发展规划(2016—2020)》正式发布,并进一步以系统性、协调性、完整性和开放性为原则修订了旅游业标准体系表。

（一）2009年版概要

2009年,国家旅游局印发了《全国旅游标准化发展规划(2009—2015)》。这是国家旅游局为贯彻落实《国务院关于加快发展服务业的若干意见》和《全国服务业标准2009年—2013年发展规划》,发挥标准化在旅游业发展中的引领和规范作用,提升旅游服务质量,推动旅游标准化发展而制定的纲领性文件。

《全国旅游标准化发展规划(2009—2015)》提出健全四大标准体系、建立四大运行机制、形成四个创新突破、实现四个有效提升的发展目标。具体包括：

①健全四大标准体系:建立健全旅游业基础标准、旅游业要素系统标准、旅游业支持系统标准和旅游业工作标准四大业务领域标准,形成完善的旅游业标准体系。

②建立四大运行机制:建立旅游标准动态优化机制,形成科学研制、动态提升、不

断优化的旅游标准制修订工作制度;建立旅游标准化组织协同机制,使旅游标准化的相关机构、各级标准、实施环节有机衔接,并促进区域之间协同发展;建立旅游标准化宣传推广机制,使旅游标准化的宣传、贯彻和实施取得更大的成效;建立旅游标准化监管评估机制,通过对旅游标准适用性评价和对评定工作有效的监督、管理,提高旅游标准化水平。

③形成四个创新突破:在旅游标准自主创新和领域拓展、旅游标准化管理体制与机制创新、旅游品牌培育和质量提升、旅游标准化理论的研究与标准体系的构筑四个方面形成新的突破。

④实现四个有效提升:有效提升旅游行业规范度和旅游标准领域覆盖率,有效提升旅游产品质量和管理服务水平,有效提升旅游产业素质和旅游产业地位,有效提升旅游强国建设能力和旅游国际竞争力。

相较于我国其他领域的发展,我国旅游标准化工作起步较晚,目前还存在着一些不容忽视的问题。主要表现在旅游标准体系不够健全,旅游标准覆盖领域有待拓宽;旅游标准化理论研究相对滞后,部分标准质量水准有待提高;旅游标准化推行力度需要加大,运行机制有待创新;旅游标准化政策体制保障乏力,专业技术人才相对缺乏等。这些问题的解决缺乏足够的现行经验作为参考,需要我们去探究、摸索。因此,进行旅游标准化试点工作不失为一种有效的途径。

《全国旅游标准化发展规划(2009—2015)》提出:要大力实施旅游标准化引领战略,建立适应我国旅游业发展的旅游标准化管理体制与工作机制,形成较为完善的旅游标准体系,取得一批旅游标准化理论研究的重要成果,完成主要标准的制修订工作,扩大旅游标准领域的覆盖面,促进旅游服务质量、管理水平和产业竞争力的全面提高,形成建设世界旅游强国的技术支撑和保障体系。《全国旅游标准化发展规划(2009—2015)》指出:要逐步形成层次分明、结构合理、覆盖全面、各级标准定位准确,旅游业基础标准、旅游业要素系统标准、旅游业支持系统标准和旅游业工作标准四大业务领域标准相互衔接、配套完善的旅游标准体系。

《全国旅游标准化发展规划(2009—2015)》确定了今后旅游标准化工作的主要任务:完善旅游标准体系,引领规范行业发展;加大标准制修订力度,拓展标准覆盖领域;创新标准化运行机制,转变标准实施方式;实施标准化示范工程,培育优质旅游品牌;参与国际标准化工作,提升旅游国际化水平;建立标准化信息平台,提高旅游公共服务水平。并提出了加强旅游标准化组织领导、完善旅游标准化管理制度、出台旅游标准化扶持政策、深化旅游标准化理论研究、加快旅游标准化队伍建设五项保障措施。

国家旅游局重新编制的《旅游业标准体系表2009》,突破了2000年版体系表的二维模式,建立了框架较合理、分类较科学、覆盖较全面的旅游业标准体系表。新版体系表概述了修订工作的背景情况、指导思想、编制依据、主要作用、编制原则和标准体系的解释。建立了旅游业标准体系总框架和分体系框架,其中分体系框架分为旅游业基础标准、旅游业要素系统标准、旅游业支持系统标准和旅游业工作标准四部分。还列出了与旅游业标准体系表对应的明细表,包括旅游业已发布实施的、正在制修订的、计划发展的国家标准和行业标准项目。

（二）2016年版概要

2016年4月，国家旅游局组织编制的《全国旅游标准化发展规划（2016—2020）》正式公布。国家旅游局为贯彻落实《关于促进旅游业改革发展的若干意见》《关于进一步促进旅游投资和消费的若干意见》《关于印发国家标准化体系建设发展规划（2016—2020年）的通知》，进一步推进旅游标准化工作，全面提升旅游标准化水平，更好地服务于经济新常态下旅游业的改革创新、转型升级和提质增效，在《全国旅游标准化发展规划（2009—2015）》的基础上，借鉴国际先进经验，结合我国国情，编制了新一轮规划。

《全国旅游标准化发展规划（2016—2020）》提出了我国旅游标准化工作的总体目标：到2020年，旅游标准化工作改革有效深化，体制机制进一步完善；支撑产业发展的旅游标准体系更加健全，标准质量水平显著提升；旅游标准实施效果明显增强，整体质量效益及其对旅游业发展的贡献大幅提升；旅游标准化发展基础更加坚实，标准创新能力和参与国际旅游标准化活动能力明显增强，我国迈入世界旅游标准强国行列。具体目标包括：到2020年，旅游国家标准达到45项以上，行业标准达到60项以上，地方标准达到300项以上，旅游标准覆盖领域进一步拓宽，标准体系结构明显优化，标准之间协调性有效增强，适应和支撑现代旅游业发展的标准体系更加健全；新建200个以上全国旅游标准化试点示范单位。

根据《全国旅游标准化发展规划（2016—2020）》，全国旅游标准化工作的主要任务包括：深化旅游标准化改革、完善旅游标准体系、提高旅游标准质量、增强旅游标准实施效果、夯实旅游标准化基础。《全国旅游标准化发展规划（2016—2020）》明确了旅游标准化改革创新工程、旅游标准优化拓展工程、旅游标准实施推广工程、旅游标准化试点示范工程、旅游标准化基础优化工程五项工作重点。规划期内，旅游业优先研究制定和发展的标准领域主要包括：旅游新产品、新业态和旅游发展新要素、新模式标准；旅游公共服务与旅游安全领域标准；旅游业节能减排和旅游环境保护领域标准；旅游市场秩序与旅游质量评价领域标准；旅游与互联网融合发展、旅游信息科技与旅游人才培养领域标准。

《全国旅游标准化发展规划（2016—2020）》对《旅游业标准体系表2009》进行了修订。新版体系表概述了修订工作的依据、基本原则、要点和内容，建立了旅游业标准体系总框架、分类编码和分体系框架，其中分体系框架分为旅游业基础标准、旅游产品与业态标准、旅游安全标准三大类。还列出了与旅游业标准体系表对应的明细表，包括旅游业已发布实施的、正在制修订的、计划发展的国家标准和行业标准项目。

国家旅游局（现文化和旅游部）要求：各级旅游行政管理部门要根据《全国旅游标准化发展规划（2016—2020）》确定的目标、任务和保障措施，抓紧制定具体工作方案，明确本地区旅游标准化工作任务，加强对旅游标准化工作的组织和领导，完善旅游标准化工作机制，做到任务到位、责任到位、措施到位；要发挥《全国旅游标准化发展规划（2016—2020）》的指导作用，切实推动旅游标准化工作，加大贯彻实施《全国旅游标准化发展规划（2016—2020）》的工作力度，并进行督促检查，确保《全国旅游标准化发展规划（2016—2020）》目标的实现，以推动我国旅游从景点旅游模式向全域旅游模式转变。

二、旅游标准化试点地区创建

（一）旅游标准化试点创建背景

全面推进旅游标准化试点的目的，就是通过以点带面的方式，全面宣传贯彻和实施旅游业各项标准，逐步扩大旅游标准化覆盖领域，完善旅游标准体系，创新旅游标准化工作的运行机制，增强旅游市场主体的竞争力，提升旅游产业素质与旅游服务质量，为旅游业的发展提供技术支撑和基础保障，从而促进我国经济结构的调整及发展方式的转变。

试点工作的主要目标包括：

一是加大现有旅游业国家标准和行业标准的实施力度，扩大其实施范围和提升影响力，规范和提高旅游服务质量和产品质量。

二是在试点地区建立符合当地旅游业发展特点的旅游标准化体系，提升旅游吸引力和竞争力，全面提高试点地区旅游业整体发展水平。

三是培养一批具有高水平企业标准、运作规范、管理先进、服务优质的旅游示范企业或名牌企业，引导旅游企业向标准化、品牌化发展。

四是创新旅游标准实施方法和评价机制。坚持标准实施与评价相结合的原则，改进当前以政府为单一评价主体的旅游标准评价体系，探索发挥行业协会和中介组织在标准实施及评价中的积极作用。

通过国家验收之后，试点地区就会成为国家旅游标准化示范地区，并公示授牌。

1. 旅游标准化试点单位的选择与申请

旅游标准化试点单位可以是旅游业发展较好或具备潜力的省、市、县（区）和旅游企事业单位（以下分别简称试点地区和试点企业）。

全国旅游标准化试点地区应具备以下基本条件：

① 地方政府高度重视旅游业发展，将旅游业作为服务业发展的龙头或支柱产业之一，积极申请参加旅游标准化试点工作，并能为试点工作提供政策及经费支持。

② 旅游产业基础较好，具有较为完善的旅游产品体系和接待服务体系，旅游业发展具有明显的区域优势或特点。

③ 地区内的旅游企业整体上具有一定实力和竞争力，积极开展旅游标准化工作。

④ 在本地区积极宣传贯彻国家标准和行业标准，积极制定地方标准并在本地区推行标准化管理。

参与旅游标准化试点创建的试点企业应具备以下基本条件：

① 具备独立法人资格，能够独立承担民事责任。

② 诚信守法，企业三年内未发生产品（服务）质量、安全健康、环境保护等方面的重大事故，未受到市级以上（含市级）相关部门的通报批评、处分。

③ 企业的市场占有率和经济效益排名位于本地区同行业前列，具有良好的发展潜力。

④ 具有一定的标准化工作基础,设立标准化管理机构并配备专兼职标准化人员,企业负责人具有较强的标准化意识。

⑤ 在本企业自行研发企业标准并得到有效实施,积极参与国家标准、行业标准和地方标准的制定,基本形成本企业的标准化管理体系。已通过ISO 9001质量管理体系或ISO 14001环境管理体系认证的企业可优先考虑。

试点市、县(区)和试点企业的申请由省级旅游行政管理部门负责受理。省级旅游行政管理部门应在接到申请后的15日内,完成对申请单位提交的申请材料与上述要求的基本条件的符合性的审核。试点省由省级旅游行政管理部门直接向文化和旅游部申报。对于符合条件的申请市、县(区)和企业,由省级旅游行政管理部门汇总报文化和旅游部,由文化和旅游部选择确定后下达。试点省由文化和旅游部直接审核确定。

2. 旅游标准化试点工作的阶段安排

依据《全面推进旅游标准化试点工作实施细则》,试点工作期限为两年,我国首批旅游标准化试点工作分为启动阶段、实施阶段、自检与评估阶段、总结推广阶段,如图2-3所示。

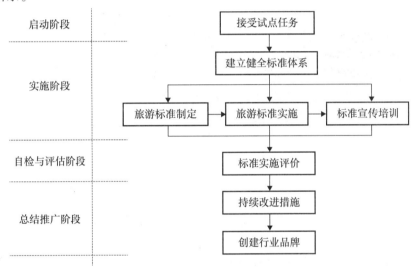

图2-3 旅游标准化试点的阶段及任务

本书将旅游标准化试点工作具体分为筹备阶段、启动阶段、实施阶段、自评阶段、推广阶段。

(1)筹备阶段。

在正式启动前约半年,由各省级旅游行政管理部门负责遴选和推荐本省内拟参加下一批全国旅游标准化创建的试点单位名单,采取单位(地区或企业)自愿申报,省内筛选,国家层面遴选相结合的方式,最终确定名单。

(2)启动阶段。

主要工作包括拟定工作方案、组建工作机构、进行总体动员等。召开创建旅游标准化示范单位启动大会,传达文化和旅游部主要精神,部署试点单位整体工作。

(3)实施阶段。

编制旅游标准化发展规划,构建旅游标准化体系,加大旅游标准化试点工作的宣传力度,建立健全试点工作制度,完善监督检查机制,制定奖惩措施,对旅游标准化试点工作成绩突出的单位给予奖励及政策扶持,以确保旅游标准化试点工作的有效推进。

(4)自评阶段。

按照试点任务书和"全国旅游标准化试点市、县(区)评估表(试行)"和"全国旅游标准化试点企业评估表(试行)"内容,组成监督检查小组,专门对各试点单位进行先期评估,在此基础上,对整体试点单位的试点工作进行全面自查,发现问题及时整改。自查合格后再向省文旅厅、文化和旅游部提出评估申请。

试点后期,由文化和旅游部委托全国旅游标准化技术委员会组织评估验收。

(5)推广阶段。

依据文化和旅游部检查评估结论开展后续工作,按照《全面推进旅游标准化试点工作实施细则》的要求,巩固试点工作成果,全面推广试点工作经验,充分发挥全国旅游标准化示范单位的示范作用,继续深入推进试点工作。

(二)旅游业标准化与服务业标准化的区别

2003年5月,全国服务标准化技术委员会(SAC/TC 264)的成立,标志着我国服务标准化工作正式全面铺开。为增强服务业的标准化意识,推广实施服务标准及先进的服务业发展理念,培育服务品牌,促进服务业快速、协调、健康发展,2007年,国家标准化管理委员会、国家发展和改革委员会等六部委印发了《关于推进服务标准化试点工作的意见》,决定在全国范围内进一步推进服务标准化试点工作。截至2018年,我国已经报批的国家级试点单位共计547家,主要覆盖旅游、商贸、物流、家政服务、社保服务、行政审批、电信服务、餐饮服务、交通运输、港口服务、文化创意、人才孵化基地、美容美发等领域。

2010年5月5日,国家标准化管理委员会在安徽省黄山市举行授牌仪式,黄山市正式成为全国首个国家级旅游服务标准化示范市。深圳市盐田区成立于1998年3月,区内有丰富的旅游资源,包括梧桐山国家森林公园、东部华侨城景区、小梅沙海洋世界、中信明思克航母世界等景区;还有一批设施完善、环境优美的高星级酒店,如大梅沙京基喜来登度假酒店、大梅沙芭堤雅酒店等。盐田区于2007年11月2日获得国家旅游服务标准化示范区试点项目的批准立项。2009年6月,盐田区国家旅游服务标准化示范区被正式授牌,盐田区成为全国首个获此殊荣的行政区。盐田区旅游服务标准化建设不仅具有自身特色,还对其他示范区建设起到了带头作用。

从本质上看,旅游业属于服务业,因此服务标准化包含旅游标准化。历年的服务标准化试点都包含旅游标准化试点,但旅游标准化直接针对旅游业,相较而言,更为聚焦和专业。服务标准化试点与旅游标准化试点的工作比较见表2-1。

表2-1 服务标准化试点与旅游标准化试点的工作比较

比较内容	服务标准化试点	旅游标准化试点
领导部门	国家市场监督管理总局	文化和旅游部
试点对象	企业、区域内的服务行业、园区以及区域性综合服务试点	省、市、县、企业

续表

比较内容		服务标准化试点	旅游标准化试点
试点主要内容		现代物流标准化； 商贸、餐饮住宿业服务标准化； 旅游标准化； 社区、村镇服务标准化； 商务和专业服务标准化； 体育服务标准化	旅游导向标识体系； 旅游业基础标准； 旅游业要素系统标准； 旅游业支持系统标准； 旅游业工作标准
试点目标与任务	目标	建立健全适合本单位需要的服务标准体系； 贯彻执行服务业的国家标准、行业标准、地方标准； 探索服务业标准实施的新机制	加大现有旅游业的国家标准和行业标准的实施力度； 在试点地区建立符合当地旅游业发展特点的旅游标准体系； 培养一批具有高水平企业标准、运作规范、管理先进、服务优质的旅游示范企业或名牌企业； 创新旅游标准实施方法和评价机制
	任务	服务标准体系标准覆盖率达到80%以上； 服务设施、服务标志、服务环境、服务质量、服务管理等全过程标准贯彻实施率达到90%以上	建立健全标准体系； 组织旅游标准实施； 开展标准宣传培训； 开展标准实施评价； 创建行业品牌
试点选择与申请		自愿申报，省级标准化主管部门会同省级相关主管部门确定后，报国家标准化管理委员会和行业主管部门备案	各省级旅游行政管理部门推荐本地区候选试点单位，文化和旅游部从各地上报的候选单位中统筹选择
试点评估	评估主体	省级标准化主管部门会同有关行业主管部门	文化和旅游部委托全国旅游标准化技术委员会或地方文旅部门
	人员构成	有关方面的专家和管理人员（3—5人）	旅游业及标准化领域的专家和管理人员（3—6人）
	评估方式	现场考核评估	现场考核评估
	评估程序	提出评估申请、组织成立评估组、现场考核评估、提交评估报告、授予通过验收者合格证书并公示	提出评估申请、组织成立评估组、现场考核评估、提交评估报告、授予通过验收者合格证书并公示

注：根据《旅游标准化理论研究与实践》（李鹏、冯艳滨、孙俊明，中国旅游出版社，2013年）一书及相关资料整理。

（三）第一批创建（2010—2012年）

经过历时两年的创建及验收，2012年，国家旅游局监督管理司发布《关于确定首批"全国旅游标准化示范单位"的通知》，确定四川省为全国旅游标准化示范省，青岛市等10个城市（区、县）为全国旅游标准化示范城市（区、县），中国国际旅行社总社有限公司等57家企业为全国旅游标准化示范单位。首批全国旅游标准化示范单位名单的具体内容请扫二维码查看。

（四）第二批创建（2012—2014年）

首批全国旅游标准化示范单位名单（2012年）

2012年，国家旅游局监督管理司发布《关于印发第二批全面推进旅游标准化试点单位名单的通知》。根据各省级旅游行政管理部门的推荐，经国家旅游局遴选，确定了第二批全面推进旅游标准化试点城市、试点县（区）和试点企业。

该通知提出了推进第二批旅游标准化试点的具体要求：

① 省级旅游行政管理部门要按照国家旅游局关于全面推进旅游标准化试点工作的部署和要求，负责本地区试点的组织实施和总体协调工作，并做好督促和指导工作，及时向国家旅游局报送试点工作情况简报。

② 试点单位应根据《全面推进旅游标准化试点工作实施细则》的要求，成立试点工作领导机构，明确目标、分解任务，结合本地区、本企业特点研究标准化试点的具体工作内容，制定和细化实施方案，稳步推进试点工作。

③ 试点单位应认真填写"旅游标准化试点任务书"，经省级旅游行政管理部门同意并盖章后，于2012年4月16日前报送至国家旅游局监督管理司标准化处。

④ 各试点单位应设立信息员一名，并于2012年3月31日前将"信息员登记表"通过电子邮件发送至lybz@tczj.net，以获取全面推进旅游标准化试点信息交流平台账号。信息员应及时收集、整理旅游标准化试点工作信息并发布在信息交流平台上，信息的数量和质量将作为试点工作考核评估的重要依据。

第二批全国旅游标准化示范单位名单（2014年）

通过历时两年的创建及验收，2014年国家旅游局发布《关于确定第二批"全国旅游标准化示范单位"的通知》。自2012年国家旅游局开展第二批全面推进旅游标准化试点工作以来，各试点单位高度重视、积极努力、大胆创新，取得了良好成效。经2013年底终期总结，26家试点地区和27家试点企业达到了试点工作标准的基本要求和全面推进旅游标准化试点工作的预期目标。经研究，武汉市等26个城市（区、县）被确定为全国旅游标准化示范城市（区、县），首旅建国酒店管理有限公司等27家企业被确定为全国旅游标准化示范企业。第二批全国旅游标准化示范单位名单的具体内容请扫二维码查看。

加强对示范单位的后续管理是全面推进旅游标准化试点工作的重要环节，是示范工作有力度、有深化、有效果的重要保证。"全国旅游标准化示范单位"名称有效期为两年，国家旅游局将委托省级旅游行政管理部门对示范单位每年进行一次审核，委托全国旅游标准化技术委员会组织专家每两年进行一次复核。

（五）第三批创建（2014—2016年）

第三批全国旅游标准化示范名单（2016年）

经过历时两年的创建及验收，2016年，国家旅游局办公室发布《关于确定第三批"全国旅游标准化示范单位"的通知》，确定合肥市等19个城市（区、县）为全国旅游标准化示范城市（区、县），北京凯撒国际旅行社有限责任公司等30家企业为全国旅游标准化示范企业，名单具体内容请扫二维码查看。国家旅游局表示，希望各示范单位再接再厉,将标准化工作作为推进各项工作的重要抓手,不断提高旅游标准化工作水平,创新工作方式方法,强化责任感和使命感,充分发挥示范带动作用,为提高全国旅游标准化工作水平、把我国建设成为世界旅游强国做出应有的贡献。

(六)第四批创建(2018—2020年)

为进一步发挥旅游标准化工作在全域旅游建设中的技术支撑作用,推动各地通过标准化手段规范全域旅游建设、提高旅游服务质量和旅游业发展水平,2017年10月,国家旅游局印发《国家旅游局办公室关于开展第四批全国旅游标准化试点示范工作的通知》。全面推进旅游标准化试点工作是国家旅游局贯彻落实《关于加快发展旅游业的意见》文件精神的重要举措,省级旅游行政管理部门要按照国家旅游局关于全面推进旅游标准化试点工作部署和《全国旅游标准化试点地区工作标准》要求,负责本地区试点的组织实施和总体协调工作,做好督促和指导,帮助试点单位解决试点工作中的实际问题,给予一定的政策倾斜、资金支持,及时总结试点工作中的好经验好做法,并报送国家旅游局。

第四批旅游标准化创建与以往三批旅游标准化创建的明显不同在于:

①以一个完整行政地区作为旅游标准化创建主体,这充分体现了与全域旅游创建要求的对接。

②《全国旅游标准化试点地区工作标准》列出了60项与旅游相关的国家、行业标准,其中包含20项必选标准,40项自选标准(可结合地方实际情况自选25项);在对企业进行相关标准培训时,覆盖了15类旅游业态,这充分体现了通过旅游标准化创建推动"旅游+"产业融合发展的与时俱进的新特点。

2020年,文化和旅游部发布《关于公布第四批全国旅游标准化示范单位名单的通知》,将河北省秦皇岛市等28个试点单位确定为全国旅游标准化示范单位,名单具体内容请扫二维码查看。

第四批全国旅游标准化示范单位名单(2020年)

三、中国旅游标准化未来发展趋势

(一)由"政府主导"向"社会联动"转变

2023年2月21日发布的《文化和旅游标准化工作管理办法》中规定,"鼓励企事业单位、社会团体和教育、科研机构等开展或者参与文化和旅游标准化工作;各级文化和旅游行政部门应当强化标准人才队伍建设,加强标准业务交流,充分发挥标准专家的作用,推动科研人员标准化能力提升"。

中国旅游标准化由"政府主导"向"市场驱动"以及"社会联动"进行转变的趋势已经逐渐展现。在过去,中国旅游业的发展主要是由政府制定相关政策和标准来进行引导和规范,而现在随着市场竞争的加剧,越来越多的旅游企业开始自主进行标准化建设,以提高产品质量和竞争力。

一方面,政府仍然在制定和推动旅游标准化建设,但是更多的是通过行业协会、商会等机构来协调和推广标准化工作。例如,中国旅游协会已经成立了标准化委员会,

实践案例

以标准化引领质量提升——松江区成功创建第四批全国旅游标准化示范单位

主要负责旅游标准制定、推广和执行，将政府与市场的作用结合起来，使得标准化建设更加符合市场需求和企业实际情况。

另一方面，越来越多的旅游企业开始重视标准化建设，积极引入国际标准，提高产品质量和服务水平，以增强市场竞争力。例如，一些大型旅游企业已经通过ISO 9000等国际标准认证，以提高管理水平和服务质量，从而更好地满足市场需求。

总的来说，政府与市场应该相互配合，政府可以发挥规范和引导作用，而市场则应该成为旅游标准化建设的主体和主导力量。未来，随着旅游市场的不断发展和完善，中国旅游标准化的建设将会越来越重要，政府与市场的协同将更加紧密。

（二）"无障碍旅游"标准化

旅游标准化建设应重点关注旅游者的多元化需求，助力包括老年旅游者和特殊人群在内的全体旅游者共享旅游发展成果。

目前，我国已经开始重视无障碍旅游标准化建设，并逐步建立了一系列相关标准和规定，如中国无障碍旅游标准、旅游景区无障碍设施规划与设计导则等方面。然而，在实践中，无障碍旅游标准化建设还存在许多问题，如标准缺乏普遍认可、设施建设和管理不到位等。

无障碍旅游标准化建设具有重要的意义。首先，它可以满足在身体或智力上有障碍的人群的旅游需求，促进旅游市场的扩大和旅游业的发展。其次，它可以提高旅游业的服务质量和水平，增强旅游业的国际竞争力。最后，无障碍旅游标准化建设还可以促进城市建设和社会进步，构建更加人性化和包容性的社会。

未来，无障碍旅游的标准化建设会越来越重要。随着我国老龄化进程的加快和残障人口数量的增加，无障碍旅游将成为旅游业的重要市场和发展方向。同时，无障碍旅游标准化建设也将面临更多的挑战和机遇。在未来的发展中，我们需要进一步加强标准化建设，完善相关政策和法规，加强设施建设和管理，提高服务质量和水平，推动无障碍旅游标准化建设不断向前发展。

无障碍旅游与老龄化发展有着密切的联系。随着人口老龄化的不断加剧，老年人的旅游需求越来越高。然而，老年人往往在身体和认知方面存在一定的局限性，需要更多的无障碍旅游设施和服务来满足他们的需求。因此，无障碍旅游标准化建设的意义在于为老年人提供更加安全、舒适、方便的旅游环境，促进老年人的旅游消费，推动旅游业的可持续发展。

未来，随着人口老龄化的加剧，无障碍旅游标准化建设将成为旅游业发展的必然趋势。各级政府和旅游企业应该加强无障碍旅游设施建设，提高无障碍旅游服务水平，不断满足老年人和残障人士的旅游需求。同时，加强无障碍旅游标准化建设的推广和宣传，提高公众对无障碍旅游的认知和接受度，推动无障碍旅游标准化建设的广泛实施和应用。

（三）与国际标准接轨

与国际标准接轨可以提高中国旅游产品和服务的质量和可信度。国际标准通常代表着行业的最佳实践，是国际上公认的标准，符合这些标准的产品和服务往往能够获得更高的认可度和信任度。通过与国际标准接轨，中国旅游业可以借鉴和吸收国际先进经验，提升产品质量和服务水平，从而更好地满足国际游客的需求和期望。在全球旅游市场中，游客在选择旅游目的地和服务提供商时，往往会考虑相关国际标准的认证和认可情况。符合国际标准的产品和服务更容易吸引游客，从而增加旅游企业的市场份额和竞争优势。通过与国际标准接轨，中国旅游业可以在国际市场中树立良好的品牌形象，提高国际竞争力。

格物致知

"亚吉铁路"成为中国铁路从设备出口到标准输出的重要标志

（四）区域化标准编制

《文化和旅游标准化工作管理办法》规定："各级文化和旅游行政部门可以在协商一致、协同推进的基础上推动区域性标准相关工作，在制定法规和政策文件时积极应用标准。"区域旅游一体化旨在实现地区间旅游资源的共享和协同发展，提供更全面、多元化的旅游体验，区域化标准编制对于区域旅游一体化的发展至关重要。通过编制统一的旅游标准，各地区能够统一旅游产品和服务的质量标准，从而提升整个区域旅游业的竞争力和形象。区域化标准编制也可以加强政府部门间的协同合作，提升区域发展政策和法规的一致性。各级文化和旅游行政部门可以借助区域化标准，协商一致、协同推进区域性标准相关工作，以确保制定的法规和政策文件与标准相符合，提升旅游标准化监管效果。

知行合一

让中国标准"走出去"，打造中国标准品牌

本章小结

（1）中国旅游标准化的发展历经启蒙阶段与规范阶段两个阶段。在启蒙阶段，《旅游涉外饭店的星级划分及评定》（GB/T 14308—1993）的发布与全国旅游标准化技术委员会的成立，为中国旅游标准化建设奠定了基础。自2000年起，旅游标准体系及旅游标准化管理工作更加完善，《全国旅游标准化工作管理办法》《文化和旅游标准化工作管理办法》等办法相继出台，标志着中国旅游标准化进入规范阶段。

（2）中国的旅游标准化主要从国家层面、地方层面及企业层面三个层面开展。国家层面旅游标准化工作的组织安排包括以行政力量进行引导、利用专业化机构进行运作、顶层设计与落地实施相结合；地方层面旅游标准化工作的组织安排包括结合国家标准与行业标准进行行业规范化管理、针对本地区特点积极编制地方旅游标准；企业层面旅游标准化工作的组织安排包括贯彻实施国家层面的旅游行业标准、构建确保日常运营的企业标准体系。

（3）中国旅游标准化的未来发展趋势主要表现为由"政府主导"向"社会

联动"转变、重视"无障碍旅游"标准化建设、加强与国际标准接轨、加强区域化标准编制工作等趋势。

本章训练

一、简答题

1. 简要介绍地方层面在中国旅游标准化工作中的主要任务。
2. 简述旅游标准化与服务标准化的区别。

二、项目实训

2010—2020年,中国共完成了四批旅游标准化试点地区创建工作,拥有大量优秀实践案例。请选择一个试点地区进行案例分析,分析内容包括:该地区的旅游标准化建设可以分为哪些阶段?各阶段的任务是什么?取得了怎样的成果?

第三章 旅游标准体系

 本章概要

　　标准体系是指一定范围内的标准按其内在联系形成的科学的有机整体,强调标准制度之间的有机结合,具有目标性、整体性、协调性、动态性等特点。标准体系的构建方法主要有综合标准化法与系统工程法,包括确定标准化方针目标、调查研究、分析整理、编制标准体系表、动态维护更新等步骤。我国《旅游业标准体系表》自2000年发布实施以来,历经2009年、2015年、2020年三次修编。《我国旅游业标准体系表2020》将旅游标准划分为旅游基础标准、旅游业态标准、旅游目的地标准、旅游信息化和电子商务标准、旅游市场监督监测标准、旅游管理工作标准和技术法规标准七个部分。

 **学习目标**

知识目标

(1)掌握标准体系的基本概念及重要性。
(2)熟悉标准体系构建的一般步骤。
(3)熟悉旅游标准体系的基本结构。
(4)了解标准体系的构建方法。
(5)了解不同阶段我国旅游标准体系的主要特点。

能力目标

(1)提升旅游标准化实践应用能力。
(2)提升旅游标准化创新能力。

素养目标

(1)了解旅游标准化对提升旅游服务质量、促进旅游业发展和提升国家形象的重要作用,增强为国家发展做出贡献的责任感和使命感。
(2)了解旅游业对社会的影响,以及如何推动旅游业的可持续发展。

知识导图

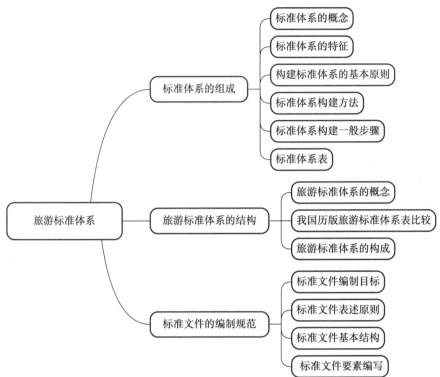

章节要点

标准体系的概念及特征、构建标准体系的基本原则与一般步骤、新版旅游业标准体系表的分类等。

第一节　标准体系的组成

一、标准体系的概念

体系是指由相互作用和相互依赖的若干组成部分结合而成的具有特定功能的有机整体。具体到标准体系,则是指由若干相互作用、相互联系的标准所构成的有机整体。《标准体系构建原则和要求》(GB/T 13016—2018)对标准体系进行了定义,即"一定范围内的标准按其内在联系形成的科学的有机整体"。其中,"一定范围"是指标准所覆盖的范围。国家标准体系的范围覆盖整个国家;企业标准体系的范围覆盖企业。"内在联系"包括三种联系形式:一是系统联系,也就是各分系统之间及分系统与子系统之间存在着相互依赖又相互制约的联系;二是上下层次联系,即共性与个性的联系;三是左右之间的联系,即相互统一协调、衔接配套的联系。"科学的有机整体"是指为实现某一特定目的而形成的整体,是根据标准的基本要素和内在联系所组成的、具有一定集合程度和水平的整体结构。

标准体系可以按照不同范围划分为国家层次、行业层次、企业层次等不同层次的标准体系,也可以按照不同的具体对象划分为不同产品的标准体系。

二、标准体系的特征

构建标准体系是实施标准化工程的基本要求,由标准组成的系统具有通用系统的一切特征。标准体系的特征主要包括以下几个方面:

(一)目标性

相对于自然界的系统,标准体系作为人为构造的系统,是一种管理方法,也是一种工具。因此,每个标准体系都是围绕着一个特定的标准化目标而形成的,如企业的标准体系就是围绕着提高产品质量和企业经济效益这个总目标建立起来的。标准体系的目标不仅决定了由哪些标准来构成体系,以及体系范围的大小,还决定了组成该体系的各类标准以何种方式发生联系。

(二)整体性

标准体系是由一整套相互联系、相互制约的标准组合而成的有机整体,具有整体性功能。在这个整体中的每一个标准都起着别的标准所不能替代的作用,因而体系中的每个标准都是不可缺少的。同时,标准体系的技术水平是由整体要求决定的,单个技术指标的提高,通常不能决定系统的整体要求。在制定一个孤立的标准时,往往应该关注该标准提出的具体要求是否合理。要想实现该标准规定的要求,应该把标准置于标准体系之中,与其他相关标准相配合,如果标准体系不完备,则很难保证该标准所规定的要求最终能够实现。

(三)协调性

协调性是指标准体系内的标准在相关内容方面,互相衔接,互为条件,协调发展。制定或修改其中任何一个标准,都必须考虑到对其他相关标准的影响,需要所有相关标准相互协调、相互配合,避免互相矛盾,影响标准体系的总体目标。

(四)动态性

随着科技的进步、人类对自然界认识的加深、经验的不断积累,标准体系内的标准会得到修订、补充。因此,标准体系是一个动态系统,会随时间的推移而变化、发展和更新。

格物致知

以"标准化"助力高质量发展

高标准是高质量的保证,高质量的产品和服务不仅关乎生活品质的提高、财产安全的保障,更直接关系到人民群众的生命健康,国家对此一直高度重视。不久前,国务院新闻办举行发布会,介绍中国标准化改革发展成效有关情况。相关改革和制度建设,有力促进了质量强国建设。

从中国古代的"车同轨、书同文",到现代工业规模化生产,都是标准化的生动实践。通过完善标准化建设,能够有效保护公共利益不受损害。比如,对设计和生产标准设置较高"门槛",有助于提高产品质量;企业按照高标准要求组织生产,有利于规范流水线高质量、高效率作业;检验检测机构根据高标准要求对产品原料、零部件、生产环节等进行检测,能确保进入市场的产品符合规定的指标。这体现了从设计、生产到市场流通的闭环质量管理,其中任何一环离开了标准,都无法切实保证质量。精简优化政府标准体系、提高市场标准有效供给、提升标准国际化水平,才能更好地提高标准的整体质量,以高标准推进高质量发展。

首先,精简优化政府标准,切实保障公共利益。对此,近年来的相关改革先做"减法",即"整合精简强制性标准"和"优化完善推荐性标准",既"把该管的管住管好",又为培育发展市场标准预留空间。同时,按照法律要求,只规定强制性国家标准一级,仅在保障健康安全和经济社会管理需要的范围内制定,行业和地方标准不再具有强制性而均为推荐性标准,这样既能筑牢质量安全底线,又能避免标准交叉所导致的内容重复或矛盾。这是以法律手段为政府标准体系"瘦身",推动推荐性标准向公益类标准过渡,以更好地满足各方需求、协调各方利益。

其次,培育搞活市场标准,提升质量和竞争力。标准化工作的改革要充分发挥市场在资源配置中的决定性作用,针对我国标准缺失、老化、滞后等现实问题,相关改革做了两项"加法",即"培育发展团体标准"和"放开搞活企业标准",团体标准的法律地位得到进一步明确。有了这一市场标准的新类型,协会、商会等社团便有权制定更加灵活的标准,及时回应市场变化。此外,赋予企业制定自身标准的自主权,取消了对企业标准备案的限制性规定,有助于激发企业活力,促进产业转型升级。

最后,瞄准国际标准,提高标准整体水平。在做好"加减法"的基础上,进行相关改革,以提升标准整体水平,即在借鉴国际标准的基本经验之外,积极推动各方参与国际标准化活动。这一方面规定了参与的内容,以推进国际标准的转化应用,提升我国标准的整体质量,共享质量发展的优势;另一方面也为国家鼓励社会各方,如企业、社团等,参与国际标准化提供了制度支撑,进一步推动中国标准"走出去",带动产品、技术、装备和服务"走出去"。

(资料来源:聂爱轩,《以"标准化"助力高质量发展》,载《人民日报》,2019年9月25日。)

三、构建标准体系的基本原则

(一)目标明确

标准体系是为业务目标服务的,构建标准体系应首先明确标准化目标。

(二)全面成套

全面成套是指应围绕着标准体系的目标展开,体现体系的整体性,即体现体系的子体系及子子体系的全面完整和标准明细表所列标准的全面完整。

(三)层次适当

标准体系表应有恰当的层次,具体包括以下几个方面。

(1)标准明细表中的每一项标准在标准体系结构图中应有相应的层次。

注:从一定范围的若干同类标准中,提取通用技术要求,形成共性标准,并置于上层;基础标准宜置于较高层次,即扩大其适用范围以利于一定范围内的统一。

(2)从个性标准出发,提取共性技术要求,作为上一层的共性标准。

(3)为便于理解、降低复杂性,标准体系的层次不宜太多。

(4)同一标准不应同时列入两个或两个以上子体系中。

注:根据标准的适用范围,恰当地将标准安排在不同的层次。一般应尽量扩大标准的适用范围,或尽量安排在高层次上,即应在大范围内协调统一的标准不应在数个小范围内各自制定,以达到体系组成尽量合理简化。

(四)划分清楚

标准体系表内的子体系或类别的划分,各子体系的范围和边界的确定,主要应按行业、专业或门类等标准化活动性质的同一性划分,而不宜按行政机构的管辖范围划分。

四、标准体系构建方法

《标准体系构建原则和要求》(GB/T 13016—2018)将标准体系定义为"一定范围内的标准按其内在联系形成的科学的有机整体"。在这个体系内的各种标准应互相补充、互相依存,共同构成一个整体。标准体系是进行标准化建设的基础和前提,是编制标准、修订规划和计划的依据。随着现代化工程项目、行业或产业的发展,生产经营变得越来越复杂,分工越来越明确,这不仅需要相关从业人员不断提高专业水平,还需要各参与方相互配合,标准也逐渐成为相互协作和配合的技术基础。标准体系的构建方法是在系统论的基础上建立起来的,用于引导标准化工作。

(一)综合标准化法

《综合标准化工作指南》(GB/T 12366—2009)中将综合标准化定义为"为了达到确定目标,运用系统分析方法,建立标准综合体,并贯彻实施的标准化活动"。标准综合体是指综合标准化对象及其相关要素,按其内在联系或功能要求,以整体效益最佳为目标,所形成的相关指标协调优化、相互配合的成套标准。综合标准体实际上是标准体系,综合标准化则是对标准体系的实施,以解决问题为目的[①]。综合标准化法是一种标准化管理方法,旨在通过整合不同领域、不同层面的标准,以及相关的技术规范、管理规范等,形成一个系统、完整的标准体系。

综合标准化法的核心思想是将各种单项标准综合起来,形成一个具有系统性的标准体系,以解决跨学科、跨领域问题,从而提高效率、降低成本、提高质量。这种方法不仅关注产品的技术规范,还注重生产过程的管理、服务质量的要求等方面,从而实现对企业或组织的全方位管理。综合标准化法的实施需要充分考虑各种标准的相互关系和协调性,以确保标准体系的整体性和完整性。但由于不同标准之间的差异性和可能会产生的冲突,综合标准化法可能会增加标准体系的复杂性及其管理难度,或是忽视某些特定领域或行业的特殊性,导致标准的泛化性和普遍适用性不足。

(二)系统工程法

系统工程理论的核心思想是将复杂系统视为由相互关联的部分组成的整体,通过系统化的方法来设计、分析、建模,从而优化和管理这些系统,以实现系统的预期功能和性能要求。

标准化可视为一项复杂的系统工程,标准体系设计可以借鉴系统工程六维模型、工作分解结构、平行分解法、属种划分法/过程划分法、分类法等系统工程理论方法。各方法的原理、适用对象、优势及不足等内容请扫码查看。

基于系统工程理论的标准体系设计方法对比

(三)模块化方法

构建标准体系的模块化方法(见图3-1)将产品视为整体系统,将系统中具有不同功能的区域视为模块。依据系统复杂程度,可将子模块(子系统)再细分,形成下一层级的模块。各个模块相对独立,能够进行模块内部的自行开发和改进,实现模块的独立升级和改进[②]。只要对一个或几个模块进行改进或升级,整个产品的相关功能就能得到改进或升级。

---

① 朱翔华,贾贺峰.标准体系构建方法综述[EB/OL].[2022-12-14]. https://www.cnis.ac.cn/bydt/kydt/202212/t20221214_54367.html.

② 马波,楼继岚,张翔.先进标准体系构建方法研究[J].工程建设标准化,2021 (11).

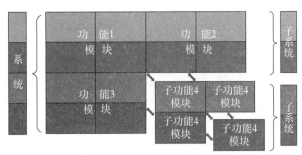

图 3-1　模块化构建方法①

(四) 过程方法

过程是质量管理体系的结构要素,过程方法是一种管理方法,强调将组织视为一系列相互关联和相互作用的过程。在过程方法中,组织的各项活动被视为一系列相互关联的过程,这些过程以特定的输入为基础,经过一系列的活动和转换,最终形成特定的输出。这些过程可以是产品开发、生产制造、服务提供等各种组织活动。这种方法将组织的运作看作一系列相互依赖的活动或步骤的集合,以实现特定的目标,其关注的不仅是组织内部的各项活动,还包括与外部相关方的交流和合作。

"过程乌龟图"(见图 3-2)以过程为基点,阐明了过程方法的作用原理,即全面识别质量管理体系运行所需的诸多过程,确定这些过程间的相互作用和顺序,明确过程的运行方法和要求,系统地策划并控制过程运行质量,进而实现预期目标②。过程方法的核心思想是对组织内部各个过程进行管理和优化,以提升组织整体绩效。它强调对过程的理解、分析、优化和持续改进,以确保组织能够实现持续高效运作和不断提升。

使用过程方法构建标准体系包含以下四个关键点:以目标为导向,结合产品与服务实现过程,利用监督反馈机制推进持续改进,注意与其他管理体系的整合。

过程管理方法建议组织根据自身发展方向,深化以目标为导向的标准化管理理念,将标准化目标管理融入标准体系运行管理,形成动态的目标管理机制,对标准化目标进行动态策划与更新,将目标进行多层次分解细化,并通过对目标实现情况的持续考核,融入 PDCA 持续改进机制,促进组织整体绩效的螺旋式上升③。

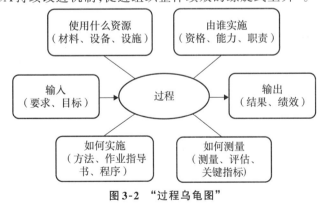

图 3-2　"过程乌龟图"

---

① 马波,楼继岚,张翔.先进标准体系构建方法研究[J].工程建设标准化,2021(11).
② 毕玉琦,马晓鸥,徐大玮,等.基于过程方法的标准体系构建研究[J].标准科学,2021(6).
③ 毕玉琦,马晓鸥,徐大玮,等.基于过程方法的标准体系构建研究[J].标准科学,2021(6).

五、标准体系构建一般步骤

（一）确定标准化方针和目标

在构建标准体系之前，应首先了解下列内容，以便于指导和统筹协调相关部门的标准体系构建工作：

(1) 了解标准化所支撑的业务战略。
(2) 明确标准体系建设的愿景、近期拟达到的目标。
(3) 确定实现标准化目标的标准化方针或策略（实施策略）、指导思想、基本原则。
(4) 确定标准体系的范围和边界。

（二）调查研究

标准体系的调查研究通常包括以下内容：
(1) 标准体系建设的国内外情况。
(2) 现有的标准化基础，包括已制定的标准和已开展的相关标准化研究项目和工作项目。
(3) 标准化存在的相关问题。
(4) 对标准体系的建设需求。

（三）分析整理

分析整理是指根据标准体系建设的方针、目标以及具体的标准化需求，借鉴国内外现有标准体系的结构框架，从标准的类型、专业领域、级别、功能、业务的生命周期等不同标准化对象的角度，对标准体系进行分析，从而确定标准体系的结构关系。

（四）编制标准体系表

编制标准体系表通常包含以下步骤：
(1) 确定标准体系结构图。
(2) 编制标准明细表。
(3) 编写标准体系表编制说明。

（五）动态维护更新

标准体系是一个动态的系统，应在使用过程中对其进行不断优化完善，并根据业务需求、技术发展的不断变化对其进行维护更新。

六、标准体系表

（一）标准体系表的概念

《标准体系构建原则和要求》（GB/T 13016—2018）中对标准体系表进行了定义，即一种标准体系模型，通常包括标准体系结构图、标准明细表，还可以包含标准统计表和编制说明。

标准体系表是标准体系的重要组成部分,是对标准体系具象化的一种表现形式,其中不仅展示了标准体系中所涵盖的具体标准条目,也对标准条目之间的逻辑关系进行了初步界定。

研究和编制标准体系表是系统科学在标准化工作中的一种应用。对一定范围内的标准内涵和构成进行系统的分析研究后,找出更科学合理的安排,并且以一目了然的图表形式表示出来,就形成了标准体系表。

标准体系表的作用具体包含以下几个方面:

(1)有助于科研和生产工作人员掌握和运用标准。标准体系表列出了国内外有关标准,让使用者一目了然,生产和科研人员在产品生产与设计时,可直接参照相关标准,既可做到有的放矢地抓好标准化工作的主攻方向,明确工作安排的轻重缓急,又可减少重复劳动,节省人力、物力、财力。

(2)有助于掌握行业标准化活动的发展蓝图。标准体系表反映了某一行业、专业范围内整体标准体系的状况,使用者可以从中了解标准发展现状,从而进一步预测某一行业、专业的标准化活动的未来发展,明确努力方向和工作重点。

(3)有助于熟悉领域内国际化标准发展现状。标准体系表是在对相应专业范围内国际和国外标准的现有组成、内容、特点和技术水平等进行系统全面的查阅、研究和分析后制定出来的,使用者从中可了解到国外标准的先进性和国内标准的不足之处,为有针对性地采用国际先进标准提供了有利条件。

(4)有利于标准制修订的推进和优化工作。标准体系表反映了某一国家、行业、企业标准的全貌,有利于加速标准的制定、修订工作,改造、健全现有的标准体系,使之更加科学化、系列化、规范化。

(二)标准体系结构图

标准体系结构图用于表达标准体系的范围、边界、内部结构,以及意图。标准体系表通常包括标准体系结构图、标准明细表、标准统计表和标准体系编制说明;标准体系的结构关系一般包括上下层之间的层次关系、按一定的逻辑顺序排列起来的序列关系,以及由几种结构相结合形成的组合关系。

(三)标准体系表的主要结构

标准体系表的结构是标准体系固有的内在联系的形象表示。标准体系同别的系统一样,其内部结构是一个空间结构,具有纵向的层次关系和横向的门类关系,同时还具有时间上的程序关系。作为描述该体系的标准体系表,其主要结构包含以下几个方面。

1. 层次结构

层次结构是指整个标准体系表分为若干层,如图3-3所示。位于各层的标准,从上至下,标准的共性逐渐减少而个性则逐渐提升。位于上一层的标准对下一层的标准起着指导和制约的作用;位于下一层的标准则对上一层的标准起着补充和具体化的作用。这种层次关系，从本质上来说，反映了标准化对象之间本来就存在的共性与个性、抽象与具体、统一与变异的辩证关系。不同层次的标准互相制约、互相补充，构成一个有机整体。

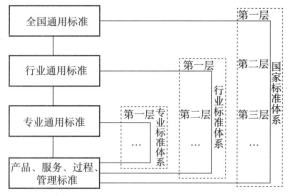

图3-3　标准体系的层次结构示例图

2. 门类结构

门类结构是指标准体系表中位于同一层次上的标准，可以按照它们所反映的标准化对象的属性，分成若干门类，如图3-4所示。位于同一层次的各门类的标准之间，不是指导与遵从、共性与个性的关系，而是相互联系、相互影响、相互协调的关系。各门类的标准彼此都向对方提出一定的要求，且又以一定的方式满足对方的要求，从而达到各门类标准之间的协调统一。

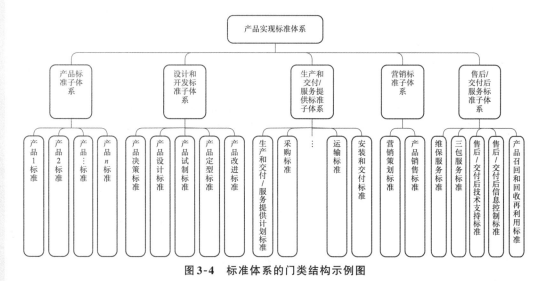

图3-4　标准体系的门类结构示例图

3. 序列结构

序列结构是指围绕产品、服务、过程的生命周期各阶段的具体技术要求，或空间序列等编制出的标准体系结构图。常见的序列结构包括系统生命周期序列、企业价值链序列、工业产品生产序列、信息服务序列、项目管理序列等。其中，工业产品生产序列

实践案例

如何让地方小吃传承与创新完美融合？天津煎饼馃子遇上标准化难题

结构的技术标准体系,多以产品(如软件、硬件、流程性材料、服务等)为中心,由与产品质量有关的技术标准以质量形成过程顺序为排列顺序组成(见图3-5)。

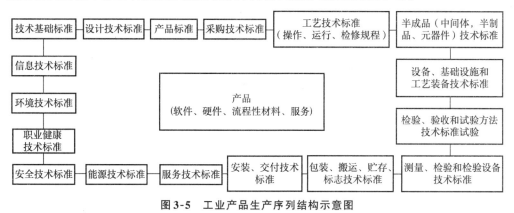

图 3-5　工业产品生产序列结构示意图

第二节　旅游标准体系的结构

一、旅游标准体系的概念

旅游标准体系既是旅游标准化活动结果的集成表现形式,又是开展旅游标准化活动的技术支撑和保障。旅游标准体系为旅游业标准化工作指明了方向,是旅游业标准化工作落实的体系保证,建立科学合理的旅游标准体系是旅游业标准化工作的坚实基础。

作为一个人造系统,标准体系是旅游业中确立规范、提高质量和效率的重要手段,更是一种体现人类对客观规律的认识的工具,不仅反映了人类的意志与愿望,还能够综合反映经济社会发展水平。通过标准体系的建立和实施,旅游业可以更好地运行和发展,为旅行者提供更好的旅游体验,同时也促进了旅游目的地的可持续发展。

首先,旅游标准体系反映了人类对旅游业客观规律的认识。通过对旅游活动中涉及的各个环节和要素进行分析和研究,标准体系将客观规律转化为明确的标准和准则。这些标准可以涵盖旅游服务质量、安全管理、环境保护、文化保护等方面,以确保旅游活动的可持续性和可靠性。

其次,旅游标准体系也反映了人类的意志与愿望。旅游业是一个与人们的休闲、娱乐和文化需求密切相关的行业,旅游标准体系的制定和实施往往会考虑到人们对于旅游体验的期望和需求。例如,旅游标准体系可以规范旅游目的地的景观保护和文化遗产保护,以满足旅行者对于获得"原汁原味"的旅游体验的愿望。

最后,旅游标准体系也是经济社会发展水平的综合体现。旅游业作为一个复杂的产业,涉及多个领域相关部门的协同合作。旅游标准体系的制定需要考虑旅游业发展的现实条件、资源条件、科技水平等因素,以确保标准体系的可行性和有效性。旅游标准体系的完善及其实施可以推动旅游业的发展，促进经济的繁荣和社会的进步。

我国旅游标准体系表自2000年发布实施以来，历经2009年、2015年、2020年三次修编。新版旅游标准体系表《我国旅游业标准体系表2020》包含已发布的国家标准55项和行业标准71项，展示了旅游领域相关标准体系全貌。

二、我国历版旅游标准体系表比较

（一）《旅游业标准体系表2000》

2000年，国家旅游局印发《旅游标准化工作管理暂行办法》，对旅游标准化工作的宗旨、范围、任务、管理和旅游标准的制定、审查、发布、实施、监督等方面进行了具体的规定。《旅游标准化工作管理暂行办法》的印发和实施，推动了旅游标准化工作的开展，有助于将旅游标准化工作作为旅游业管理的重要手段。同年，国家旅游局发布了首个旅游业标准体系表，即《旅游业标准体系表2000》（见表3-1），构筑了以旅游业"食、住、行、游、购、娱"六大要素为基础的二维旅游标准体系框架，为旅游业的进一步发展提供了科学、规范的技术支撑，是旅游标准化工作发展的重要里程碑，《旅游标准化工作管理暂行办法》和《旅游业标准体系表2000》的发布对全面提高旅游服务质量和管理水平、实现旅游业科学管理起到了促进作用。

国家旅游局所制定的《旅游业标准体系表2000》，参考了1999年底全国旅游标准化技术委员会工作会议提出的制定体系表的主要建议，按照两种体系对旅游标准进行分类和编排，在此基础上构建旅游标准体系的框架。按照一般方式，将标准分成基础标准、设施标准、服务标准、产品标准和方法标准五大类；按照旅游业构成要素，将标准分成食、住、行、游、购、娱六大类，并且增加综合类，共七大类。

表 3-1 《旅游业标准体系表 2000》

要素	基础标准	设施标准	服务标准	产品标准	方法标准
餐食	—	旅游定点餐馆设施； 旅游团队餐质量标准	—	—	—
住宿	—	旅游饭店星级评定； 旅游公寓星级评定； 旅游度假设施与服务规范	饭店客用品质量与配备	—	旅游饭店计算机管理系统建设规范； 青年旅馆网络建设规范
交通	—	内河旅游船星级评定； 海上邮轮星级评定； 游览船星级评定	旅游汽车服务质量； 旅游客车星级评定； 旅游汽车公司资质等级评定； 旅游船服务质量	—	—

续表

要素	基础标准	设施标准	服务标准	产品标准	方法标准
游览	—	旅游索道设施安全；滑雪场等级划分评定	导游服务质量；旅游区(点)质量等级评定；旅行社资质等级评定；国内旅游服务质量规范；出境旅游服务质量规范（包括边境旅游服务规范）；入境旅游服务质量规范；旅行社门市服务质量规范；旅游游览点讲解服务质量规范	专项旅游产品；生态旅游产品；农业旅游产品；工业旅游产品；修学旅游产品；特种旅游产品	分时度假操作规范；旅游资源分类与评价
购物	—	定点购物场所设施与服务标准	—	旅游商品质量标准	—
娱乐	—	定点娱乐场所设施	游乐园安全服务质量	—	—
综合	旅行社组团运作规范；旅游标准化工作导则；旅游服务基础术语；旅游公共信息图形符号；旅游规划通则；旅游信息网站建设规范；旅游电子商务业务规范	旅游咨询中心设施与服务标准；旅游厕所设施规范	旅游安全管理规范；旅游服务质量认证体系；旅游者损害赔偿标准；旅游服务质量争议受理程序	—	旅游行业标准化工作导则；饭店职业英语标准；楼宇清洁卫生标准；景区环境质量标准；创优城市检查标准

作为第一个旅游标准体系表，《旅游业标准体系表2000》也存在着一些问题，包括：二维式标准体系表的扩充性有待提高，特别是产品标准显得单薄，产品标准制定和研究方面有待突破；部分标准实施主体对象无法定义，如果一个标准的实施主体对象不明确，会导致标准制定后难以实施。此外，旅游类标准一般为推荐性标准，因此标准应以引导性标准为主，限制性标准的实施力度难以保障，特别是涉及跨行业、需要多部门协作的限制性标准，其实施起来具有较大的难度。

(二)《旅游业标准体系表2009》

2009年,国家旅游局编制了《全国旅游标准化发展规划(2009—2015)》,提出:建立适应我国旅游业发展的旅游标准化管理体制和工作机制;建立健全旅游业基础标准、旅游业要素系统标准、旅游业支持系统标准和旅游业工作标准四大业务领域标准;建立旅游标准动态优化机制、旅游标准化组织协同机制、旅游标准化宣传推广机制、旅游标准化监管评估机制四大运行机制;在旅游标准自主创新和领域拓展、旅游标准化管理体制与机制创新、旅游品牌培育和质量提升、旅游标准化理论的研究与标准体系的构筑四个方面形成创新突破;有效提升旅游行业规范度和旅游标准领域覆盖率、旅游产品质量和管理服务水平、旅游产业素质和旅游产业地位、旅游强国建设能力和旅游国际竞争力,这些目标既是提升旅游业的有效手段,也是旅游标准化发展的重难点。

为了更好地促进《全国旅游标准化发展规划(2009—2015)》的实施,国家旅游局发布了《旅游业标准体系表2009》,调整了2000年版体系表的二元结构,使旅游标准更完善、覆盖更全面,并发布实施了《全国旅游标准化工作管理办法》。相较于2000年版体系表,《旅游业标准体系表2009》的体系更完善、分类更清晰,特别是它对旅游产品进行了扩充,涵盖了很多新型业态,其总体框架见图3-6。

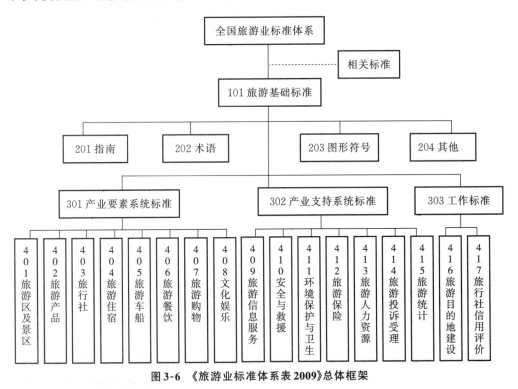

图3-6 《旅游业标准体系表2009》总体框架

(三)《旅游业标准体系表2015》

《旅游业标准体系表2015》是为适应我国旅游业新形势、新职能、新问题、新任务的需要以及国家标准化体系的发展趋势所制定的,标准的实施方法分为强制性手段和自愿性措施两类。《中华人民共和国旅游法》于2013年10月1日起施行,其中的一些专业技术要求,可以通过在实施过程中增加司法解释和实施细则、引用相关旅游标准等手段进行补充,使之成为"技术法规"。《旅游业标准体系表2015》总体框架见图3-7。

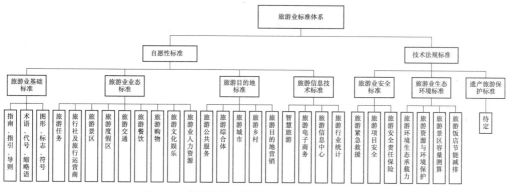

图3-7 《旅游业标准体系表2015》总体框架

2015年版体系表与以前两个版本最大的不同之处在于:按照标准实施的两类方法,即强制性手段和自愿性措施对标准进行分类,其目的是催生旅游标准向"技术法规"或"技术法规"条款转化,尤其是涉及游客安全、生态环境和遗产保护的相关标准。这个分类方法成为2015年版体系表的一个基本特点。具体地说,其与以前版本的差异主要表现在以下几个方面:

(1) 区分自愿性标准与可能上升为"技术法规"的标准。

(2) 区分基础性标准(如术语、图形、符号等)与非基础性标准。

(3) 不再以生产要素作为分类标准,而是以业态、产品(服务)供应商的类型、功能、类别作为分类依据。

(4) 将ICT在旅游业的应用和融合,如智慧旅游、旅游电子商务等方面的标准单独分为一类。

(5) 《旅游业标准体系表2015》中对于各旅游产品相关术语不再单独制定标准,这部分内容出现在旅游业基础术语以及旅游业态的标准中,鼓励从事产品开发的市场主体进行创新。

(6) 旅游业的发展带动了与此相关的行业,如旅游开发规划和咨询行业的发展,旅游开发规划对于旅游业的发展十分重要,引导和规范旅游开发规划和咨询市场的发展具有深远意义,因此《旅游业标准体系表2015》新增旅游规划、咨询类别,主要面向各类旅游规划设计公司、旅游管理咨询公司等用户。

(7) 《旅游业标准体系表2015》新增"旅游目的地标准"这一类别是为了将不收门票的"景区"(或旅游吸引物)从收门票的"旅游景区"中独立出来,着眼于旅游公共服务和管理,主要用户和责任主体是当地旅游相关管理部门。

(8) 考虑到信息通信技术的迅猛发展及其与旅游业的全方位深度融合,单列"旅游信息技术标准",其中"旅游行业统计"是指在现行统计框架外,通过旅游信息技术得到行业和市场数据,旨在引导和规范利用信息技术进行旅游统计和数据采集。

(9)技术法规标准是指通过《中华人民共和国旅游法》等相关的法律法规的赋权,强制执行的标准。例如《中华人民共和国旅游法》中第四十五条指出,"景区接待旅游者不得超过景区主管部门核定的最大承载量",但没有给出最大承载量的测度方法,需要有具体测度的技术标准配合实施。在生态环境和遗产的旅游开发方面也有相应的法律法规进行规制,相当于旅游开发中的负面清单,即将相关的法律法规细化成可操作的技术法规标准。此外,"旅游业安全标准"中的"旅游项目安全"是按旅游项目制定的一系列标准,如漂流旅游项目安全规范、潜水旅游项目安全规范、水上高风险旅游项目安全规范、空中高风险旅游项目安全规范、陆上高风险旅游项目安全规范等。在"旅游资源与环境保护"项下,有强制性国家标准——《宗教活动场所和旅游场所燃香安全规范》(GB 26529—2011),归口于全国服务标准化技术委员会(SAC/TC 264)。

(四)《我国旅游业标准体系表2020》

2020年版体系表的修编,是在国家成立文化和旅游部,大力推进文旅融合和后疫情时代旅游业面临重大变局的大背景下进行的。因此,此次修编充分整合以前各版体系表的内容,尤其在2015年版体系表框架的基础上,增加了文旅融合的相关标准,以及适应新时代旅游业发展需要的相关标准,使其更加符合未来旅游业新常态的发展需要。

《我国旅游业标准体系表2020》是由全国旅游标准化技术委员会(SAC/TC 210)主持编写的,为SAC/TC 210在2020—2025年制定和修订标准所用。因此,没有将团体标准和企业标准列入其中。同时,从外部引用的主要是归口在全国休闲标准化技术委员会(SAC/TC 498)的休闲标准,这是因为休闲与旅游、度假存在着亦此亦彼的密切关系,很难完全区分开。更主要是因为休闲没有行业主管部门,也没有行业标准,所制定的都是国家标准,将其纳入旅游标准体系既可以充实国家标准的数量,也可以协调旅游、度假标准与休闲标准之间的关系,发挥标准体系本应具有的规划和协调的双重作用。

三、旅游标准体系的构成

《我国旅游业标准体系表2020》采用门类结构设计原则,将旅游业标准体系分为自愿性标准与技术法规标准,其中自愿性标准根据标准性质及规范内容又划分为旅游基础标准、旅游业态标准、旅游目的地标准、旅游信息化和电子商务标准、旅游市场监督监测标准、旅游管理工作标准六类,如图3-8所示。接下来分别介绍各门类下的标准。

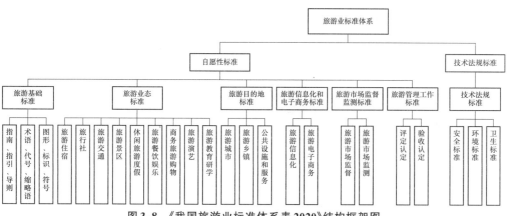

图 3-8 《我国旅游业标准体系表 2020》结构框架图

（一）旅游基础标准

《我国旅游业标准体系表 2020》的旅游基础标准框架图见图 3-9。

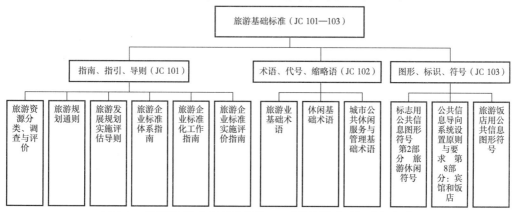

图 3-9 《我国旅游业标准体系表 2020》的旅游基础标准框架图

（二）旅游业态标准

《我国旅游业标准体系表 2020》的旅游业态标准框架图见图 3-10。

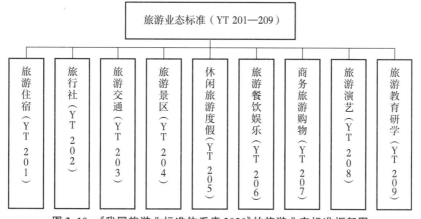

图 3-10 《我国旅游业标准体系表 2020》的旅游业态标准框架图

（三）旅游目的地标准

《我国旅游业标准体系表2020》的旅游目的地标准框架图见图3-11。

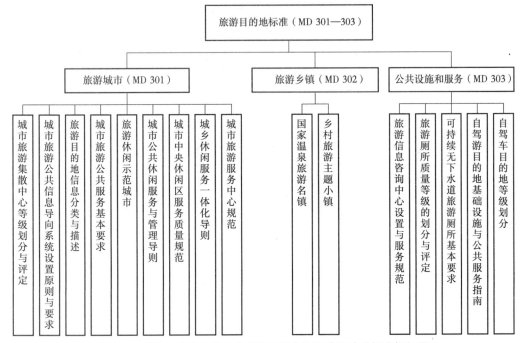

图3-11 《我国旅游业标准体系表2020》的旅游目的地标准框架图

（四）旅游信息化和电子商务标准

《我国旅游业标准体系表2020》的旅游信息化和电子商务标准框架图见图3-12。

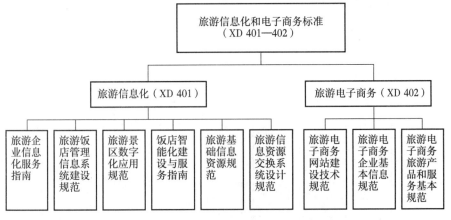

图3-12 《我国旅游业标准体系表2020》的旅游信息化和电子商务标准框架图

(五)旅游市场监督监测标准

《我国旅游业标准体系表2020》的旅游市场监督监测标准框架图见图3-13。

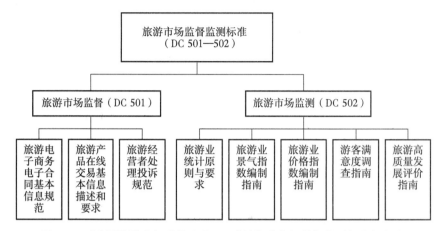

图3-13 《我国旅游业标准体系表2020》的旅游市场监督监测标准框架图

(六)旅游管理工作标准

《我国旅游业标准体系表2020》的旅游管理工作标准框架图见图3-14。

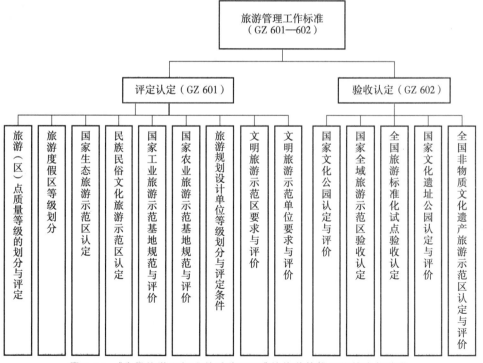

图3-14 《我国旅游业标准体系表2020》的旅游管理工作标准框架图

(七) 技术法规标准

《我国旅游业标准体系表2020》的技术法规标准框架图见图3-15。

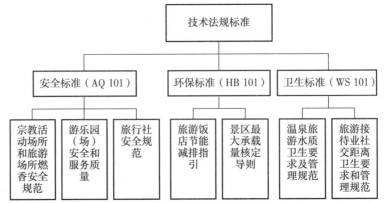

图3-15 《我国旅游业标准体系表2020》的技术法规标准框架图

第三节 标准文件的编制规范

本节结合《标准化工作导则 第1部分：标准化文件的结构和起草规则》（GB/T 1.1—2020）、《标准编写规则 第1部分：术语》（GB/T 20001.1—2001）、《标准编写规则 第2部分：符号标准》（GB/T 20001.2—2015）、《标准编写规则 第5部分：规范标准》（GB/T 20001.5—2017）等标准文件，对标准文件的编制目标、表述原则、基本结构与要素编写等核心内容进行了梳理与介绍。标准编写是一项十分重要且具有挑战性的任务，它直接影响着各个行业的发展和整体运行质量，要求编写者具备相应的专业知识和理论支撑，同时还要对产业实践情况有深入的了解与认识，在条件允许的情况下，编写者还应积极同相关利益者进行广泛合作，经过深入调研、广泛征求意见、科学论证和反复修改等步骤，形成能够真正指导产业发展与实践操作的规范性文件。读者通过深入学习本节内容，可以全面了解标准文件编制的核心内容和要求，培养和提升起草标准文件的能力和水平，进而更好地参与和推动产业标准的制定和实施。

一、标准文件编制目标

编制标准文件的目标是通过规定清楚、准确和无歧义的条款，使得标准文件能够为未来技术发展提供框架，并被未参加标准文件编制的专业人员所理解且易于应用，从而促进贸易、交流以及技术合作。

为了达到上述目标，起草标准文件时宜遵守以下总体原则：充分考虑最新技术水平和当前市场情况，认真分析所涉及领域的标准化需求；在准确把握标准化对象、标准文件使用者和标准文件编制目标的基础上,明确标准文件的类别和/或功能类型,选择和确定标准文件的规范性要素,合理设置和编写标准文件的层次和要素,准确表达标准文件的技术内容。

二、标准文件表述原则

(一)一致性原则

每个标准文件内或分为部分的标准文件的各部分之间,其结构以及要素的表述宜保持一致。因此,应做到:相同的条款宜使用相同的用语,类似的条款宜使用类似的用语;同一个概念宜使用同一个术语,避免使用同义词,有着相似内容的要素的标题和编号宜尽可能相同。

(二)协调性原则

起草的标准文件与现行有效的标准文件之间宜相互协调,避免重复和不必要的差异。因此,应做到:针对一个标准化对象的规定宜尽可能集中在一个标准文件中;通用的内容宜规定在一个标准文件中,形成通用标准或通用部分;标准文件的起草宜遵守基础标准和领域内通用标准的规定,如有适用的国际标准文件,宜尽可能采用;在需要使用标准文件自身其他位置的内容或其他标准文件中的内容时,宜采用引用或提示的表述形式。

(三)易用性原则

标准文件内容的表述宜便于直接应用,并且易于被其他标准文件引用或剪裁使用。

三、标准文件基本结构

(一)层次

按照标准文件内容的从属关系,可以将标准文件划分为若干层次。标准文件可能具有的层次及其编号见表3-2。

表3-2　层次及其编号

层次	编号示例
部分	××××.1
章	5
条	5.1
条	5.1.1
段	[无编号]
列项	列项符号:"——"和"·" 列项编号:a)、b)和1)、2)

1. 部分

(1)部分的划分。

部分是一个标准文件划分出的第一层次。划分出的若干部分共用同一个标准文件顺序号。部分不应进一步细分为分部分。标准文件分为部分后,每个部分可以单独编制、修订和发布,并与整体标准文件遵守同样的起草原则和规则。按照部分的划分原则,可以将一个标准文件分为若干部分。起草这类标准文件时,有必要事先研究各部分的安排,考虑是否将第1部分预留给诸如"总则""术语"等通用方面。可使用以下两种方式将标准文件分为若干部分。

①将标准化对象分为若干个特殊方面,每个部分涉及其中的一两个方面,并且能够单独使用。

示例:

第1部分:术语

第2部分:要求

第3部分:试验方法

第4部分:安装要求

②将标准化对象分为通用和特殊两个方面,通用方面作为标准文件的第1部分,特殊方面(可修改或补充通用方面,不能单独使用)作为标准文件的其他各部分。

示例:

第1部分:通用要求

第2部分:热学要求

第3部分:空气纯净度要求

(2)部分的编号。

部分的编号应置于标准文件编号中的顺序号之后,使用从1开始的阿拉伯数字,并用下脚点与顺序号相隔(如"××××.1""××××.2"等)。

(3)部分的名称。

分为部分的标准文件中的每个部分的名称的组成方式应符合《标准化工作导则 第1部分:标准化文件的结构和起草规则》(GB/T 1.1—2020)中"6.1"的规定。部分的名称中应包含"第×部分:"(×为使用阿拉伯数字的部分编号),后接补充元素。每个部分名称的补充元素应不同,以便区分和识别各个部分,而引导元素(如果有)和主体元素应相同。

示例:

GB/T 14××8.1 低压开关设备和控制设备 第1部分:总则

GB/T 14××8.2 低压开关设备和控制设备 第2部分:断路器

2. 章

章是标准文件层次划分的基本单元。

应使用从1开始的阿拉伯数字对章进行编号。章的编号应从"范围"一章开始,一直连续到"附录"之前。

每一章均应有章标题,并应置于编号之后。

3. 条

条是章内有编号的细分层次。条可以进一步细分,细分层次不宜过多,最多可分到第五层次。一个层次中有一个以上的条时,才可设条。例如:在第10章中,如果没有10.2,就不必设立10.1。

条的编号应使用阿拉伯数字并用下脚点与章编号或上一层次的条编号相隔。

第一层次的条宜给出条标题,并应置于编号之后。第二层次的条可同样处理。某一章或某一条中,其下一个层次上的各条,有无标题应一致。例如:在6.2的下一层次中,如果6.2.1给出了标题,那么6.2.2、6.2.3等也需要给出标题,或者反之,该层次的条都不给出标题。

在无标题的条的首句中,可使用黑体字突出关键术语或短语,以便强调各条的主题(见《标准化工作导则 第1部分:标准化文件的结构和起草规则》(GB/T 1.1—2020)的"7.3"中各分条中的黑体字)。某一章或某一条的下一个层次中的无标题条,有无突出的关键术语或短语的设置应一致。无标题条不应再分条。

4. 段

段是章或条内没有编号的细分层次。

为了不在引用时产生混淆,不宜在章标题与条之间,或条标题与下一层次条之间设段(称为"悬置段")。

  示例:

  如图3-16左侧内容所示,按照章与条之间的隶属关系,第5章不仅包括所标出的"悬置段",还包括5.1和5.2。在这种情况下,引用这些悬置段时有可能发生混淆。避免混淆的方法之一是将悬置段改为条,如下图3-16右侧内容所示:将左侧的悬置段编号并加标题"5.1通用要求"(也可给出其他适当的标题),并且将左侧的5.1和5.2重新编号,依次改为5.2和5.3。为了避免混淆,还可以将悬置段移到别处或删除。

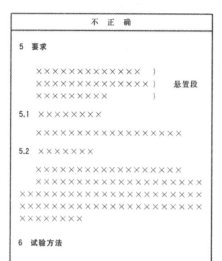
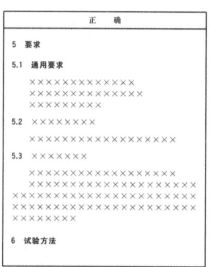

图 3-16 段的示例

5. 列项

列项是段中的子层次，用于强调细分的并列的各项中的内容。列项应由引语和被引出的并列的各项组成。具体形式有以下两种：

① 后接句号的完整句子，引出后接句号的各项。
② 后接冒号的文字，引出后接分号或逗号的各项。

列项的最后一项均以句号结束。

示例：
导向要素中图形符号与箭头的位置关系需要符合下列规则。
a) 当导向信息元素横向排列，并且箭头指：
 1) 左向（含左上、左下），图形符号应位于右侧；
 2) 右向（含右上、右下），图形符号应位于左侧；
 3) 上向或下向，图形符号宜位于右侧。
b) 当导向信息元素纵向排列，并且箭头指：
 1) 下向（含左下、右下），图形符号应位于上方；
 2) 其他方向，图形符号宜位于下方。

示例：
下列仪器不需要开关：
——正常操作条件下，功耗不超过10瓦的仪器；
——任何故障条件下使用2分钟，测得功耗不超过50瓦的仪器；
——连续运转的仪器。

列项可以进一步细分为分项，这种细分不宜超过两个层次。

在列项的各项之前应标明列项符号或列项编号。列项符号为破折号(——)或间隔号(·);列项编号为字母编号[后带半圆括号的小写拉丁字母,如a)、b)等]或数字编号[后带半圆括号的阿拉伯数字,如1)、2)等]。

通常在第一层次列项的各项之前使用破折号,第二层次列项的各项之前使用间隔号。列项中的各项如果需要识别或表明先后顺序,则在第一层次列项的各项之前使用字母编号。在使用字母编号的列项中,如果需要对某一项进一步细分,根据需要可在各分项之前使用间隔号或数字编号。

可使用黑体字突出列项中的关键术语或短语,以便强调各项的主题。

(二)要素

1. 要素的类别

按照功能,可以将标准文件内容划分为相对独立的功能单元——要素。从不同的维度,可以将要素分为不同的类别。按照所起的作用,可将要素分为规范性要素和资料性要素;按照存在的状态,可将要素分为必备要素和可选要素。

2. 要素的构成

规范性要素主要由条款构成,还可包括少量附加信息;资料性要素由附加信息构成。构成要素的条款或附加信息通常的表述形式为条文。当需要使用标准文件自身其他位置的内容或其他标准文件中的内容时,可在标准文件中采取引用或提示的表述形式。为了便于标准文件结构的安排和内容的理解,有些条文需要采取附录、图、表、数学公式等表述形式。表3-3中界定了标准文件中各要素的类别及其构成,给出了要素允许的表述形式。

表3-3 标准文件中各要素的类别、构成及表述形式

要素	要素的类别		要素的构成	要素所允许的表述形式
	必备或可选	规范性或资料性		
封面	必备	资料性	附加信息	标明文件信息
目次	可选			列表(自动生成的内容)
前言	必备			条文、注、脚注、指明附录
引言	可选			条文、图、表、数学公式、注、脚注、指明附录
范围	必备	规范性	条款、附加信息	条文、表、注、脚注
规范性引用文件	必备/可选	资料性	附加信息	清单、注、脚注
术语和定义	必备/可选	规范性	条款、附加信息	条文、图、数学公式、示例、注、引用、提示
符号和缩略语	可选	规范性	条款、附加信息	条文、图、表、数学公式、示例、注、脚注、引用、提示、指明附录
分类和编码/系统构成	可选			

续表

要素	要素的类别		要素的构成	要素所允许的表述形式
	必备或可选	规范性或资料性		
总体原则和/或总体要求	可选	规范性	条款、附加信息	条文、图、表、数学公式、示例、注、脚注、引用、提示、指明附录
核心技术要素	必备			
其他技术要素	可选			
参考文献	可选	资料性	附加信息	清单、脚注
索引	可选			列表(自动生成的内容)
章编号和标题的设置是必备的,要素内容的有无根据具体情况进行选择				

四、标准文件要素编写

(一) 封面

封面这一要素用来标明标准文件的信息。在封面中应标明以下必备信息:文件名称、文件的层次或类别(如"中华人民共和国国家标准""中华人民共和国国家标准化指导性技术文件"等字样)、文件代号(如 GB 等)、文件编号、国际标准分类号(ICS)、中国标准文献分类号(CCS)、发布日期、实施日期、发布机构等。如果此标准文件代替了一个或多个标准文件,在封面上应标明被代替标准文件的编号。当被代替标准文件较多时,被代替标准文件的编号不应超过一行。如果标准文件与国际标准文件有一致性对应关系,那么在封面上应标示一致性程度标识。

国家标准、行业标准文件的封面还应标明文件名称的英文译名;行业标准文件的封面应标明备案号。标准文件征求意见稿和送审稿的封面显著位置,应给出征集文件是否涉及专利的信息。

图 3-17 封面示例

示例:
封面示例见图 3-17。

(二) 目次

目次这一要素用来呈现标准文件的结构。为了方便查阅标准文件的内容,通常有必要设置目次。

根据所形成的标准文件的具体情况,应依次对下列内容建立目次列表:
(1) 前言。
(2) 引言。

(3) 章编号和标题。

(4) 条编号和标题,需要时列出。

(5) 附录编号、"(规范性)"/"(资料性)"和标题。

(6) 附录条编号和标题,需要时列出。

(7) 参考文献。

(8) 索引。

(9) 图编号和图题(含附录中的),需要时列出。

(10) 表编号和表题(含附录中的),需要时列出。

在上述各项内容后,还应给出其所在的页码。在目次中不应列出"术语和定义"中的条目编号和术语。电子文本的目次宜自动生成。

(三) 前言

前言这一要素用来给出诸如标准文件起草所依据的其他标准文件、与其他标准文件的关系、起草者的基本信息等标准文件自身内容之外的信息。前言不应包含要求、指示、推荐或允许型条款,也不应使用图、表或数学公式等表述形式。前言不应给出章编号且不分条。

根据所形成的标准文件的具体情况,在前言中应依次给出下列适当的内容:

(1) 文件起草所依据的标准。具体表述为"本文件按照 GB/T 1.1—2020《标准化工作导则 第1部分:标准化文件的结构和起草规则》的规定起草"。

(2) 文件与其他文件的关系。需要说明以下两方面的内容:

① 应说明与其他标准的关系。

② 分为部分的文件的每个部分应说明其所属的部分,并列出所有已经发布的部分的名称。

(3) 文件与代替文件的关系。需要说明以下两方面的内容:

① 给出被代替、废止的所有文件的编号和名称。

② 列出与前一版本相比的主要技术变化。

(4) 文件与国际文件关系的说明。《标准化工作导则 第2部分:以 ISO/IEC 标准化文件为基础的标准化文件起草规则》(GB/T 1.2—2020)中规定了与国际文件存在着一致性对应关系的我国文件,并在前言中陈述了相关信息。

(5) 有关专利的说明。

文件的提出信息(可省略)和归口信息。对于由全国专业标准化技术委员会提出或归口的文件,应在相应技术委员会名称之后给出其国内代号,使用下列适当的表述形式:

① "本文件由全国××××标准化技术委员会(SAC/TC×××)提出。"

② "本文件由××××提出。"

③ "本文件由全国××××标准化技术委员会(SAC/TC×××)归口。"

④ "本文件由××××归口。"

(6)文件的起草单位和主要起草人,使用下列表述形式:

①"本文件起草单位:××××。"

②"本文件主要起草人:××××。"

(7)文件及其所代替或废止的文件的历次版本发布情况。

(四)引言

引言这一要素用来说明与标准文件自身内容相关的信息,不应包含要求型条款。分为部分的标准文件的每个部分,或者标准文件的某些内容涉及了专利,均应设置引言。引言不应给出章编号。当引言的内容需要分条时,应仅对条进行编号,编为0.1、0.2等。

在引言中通常给出下列背景信息:

(1)编制该文件的原因、编制目的、分为部分的原因以及各部分之间关系(见《标准化工作导则 第1部分:标准化文件的结构和起草规则》(GB/T 1.1—2020)的"5.2")等事项的说明。

(2)文件技术内容的特殊信息或说明。

如果在编制过程中已经识别出标准文件的某些内容涉及专利,应按照《标准化工作导则 第1部分:标准化文件的结构和起草规则》(GB/T 1.1—2020)"附录D.3"的相关规定给出有关内容。如果需要给出的有关专利的内容较多,可将相关内容移作附录。

(五)范围

范围这一要素用来界定标准文件的标准化对象和所覆盖的各个方面,并指明文件的适用界限。必要时,范围宜指出那些通常被认为标准文件可能覆盖的,但实际上并不涉及的内容。分为部分的标准文件的各个部分,其范围只应界定各自部分的标准化对象和所覆盖的各个方面。

注:适用界限指标准文件(而不是标准化对象)适用的领域和使用者。

该要素应设置为标准文件的第1章,如果确有必要,可以进一步细分为条。

范围的陈述应简洁,以便能作为内容提要使用。在范围中不应陈述可在引言中给出的背景信息,范围应表述为对一系列事实的陈述,使用陈述型条款,不应包含要求、指示、推荐和允许型条款。

范围的陈述应使用下列适当的表述形式:

①"本文件规定了……的要求/特性/尺寸/指示"。

②"本文件确立了……的程序/体系/系统/总体原则"。

③"本文件描述了……的方法/路径"。

④"本文件提供了……的指导/指南/建议"。

⑤"本文件给出了……的信息/说明"。

⑥"本文件界定了……的术语/符号/界限"。

标准文件适用界限的陈述应使用下列适当的表述形式:

① "本文件适用于……"。
② "本文件不适用于……"。

示例:
1 范围
本标准界定了我国旅游业中的基本概念和基础术语。
本标准适用于各类旅游业的国家标准、行业标准和地方标准的编写,也可供旅游行业各相关部门在行业管理、市场营销、经营管理、教学科研等活动中引用和参考,以及国际交流和参照。
——《旅游业基础术语》(GB/T 16766—2017)

(六) 规范性引用文件

规范性引用文件这一要素用来列出标准文件中规范性引用的文件,由引导语和文件清单构成。该要素应设置为标准文件的第2章,且不应分条。

规范性引用文件的文件清单应由以下引导语引出:"下列文件中的内容通过文中的规范性引用而构成本文件必不可少的条款。其中,注日期的引用文件,仅该日期对应的版本适用于本文件;不注日期的引用文件,其最新版本(包括所有的修改单)适用于本文件。"

注:对于不注日期的引用文件,如果最新版本未包含所引用的内容,那么包含了所引用内容的最后版本适用。

如果不存在规范性引用文件,则应在章标题下给出以下说明:"本文件没有规范性引用文件。"

示例:
2 规范性引用文件
下列文件中的内容通过规范性引用构成本文件必不可少的条款。其中,注日期的引用文件,仅该日期对应的版本适用于本文件;不注日期的引用文件,其最新版本(包括所有的修改单)适用于本文件。
GB 3095—2012 环境空气质量标准
GB 3096—2008 声环境质量标准
GB 3838—2002 地表水环境质量标准
GB 5768(所有部分) 道路交通标志和标线
GB/T 10001(所有部分) 公共信息图形符号
GB/T 14308—2010 旅游饭店星级的划分与评定
GB 15618 土壤环境质量 农用地土壤污染风险管控标准(试行)
GB/T 17695 印刷品用公共信息图形标志
GB/T 18972 旅游资源分类、调查与评价

GB/T 18973—2022 旅游厕所质量要求与评定
GB/T 26353 旅游娱乐场所基础设施管理及服务规范
——《旅游度假区等级划分》（GB/T 26358—2022）

（七）术语和定义

术语和定义这一要素用来界定为理解标准文件中某些术语所必需的定义，由引导语和术语条目构成。该要素应设置为标准文件的第3章，为了表示概念的分类可以细分为条，每条应给出条标题。

根据列出的术语和定义以及引用其他文件的具体情况，术语条目应分别由下列适当的引导语引出：

①"下列术语和定义适用于本文件。"（当仅该要素界定的术语和定义适用时）

②"……界定的术语和定义适用于本文件。"（当仅其他文件中界定的术语和定义适用时）

③"……界定的以及下列术语和定义适用于本文件。"（当其他文件以及该要素界定的术语和定义适用时）

如果没有需要界定的术语和定义，应在章标题下给出以下说明："本文件没有需要界定的术语和定义。"

示例：
术语和定义示例见图3-18。

> 3 术语和定义
> 下列术语和定义适用于本文件。
> 3.1
> 租赁公寓　rental apartment
> 公寓业主以委托经营、托管经营或自主经营等方式将公寓出租给客人居住，并提供有限服务的住宿类型。
> 3.2
> 旅游度假租赁公寓　tourism and vacation rental apartment
> 以居家式的住宿环境和设施为特色，以自助或半自助服务为主要服务方式，主要出租给旅游度假客人居住的租赁公寓。

(a)

> 3 术语和定义
> GB/T 12738 界定的术语和定义适用于本文件。

(b)

图3-18　术语和定义示例

```
3  术语和定义
    LB/T 016 界定的以及下列术语和定义适用于本文件。为了便于使用,以下重复列出了LB/T 016中
的某些术语和定义。
3.1
    温泉旅游 hot spring tourism
    以温泉(含地热蒸气、矿物泥或冷泉)为载体,以沐浴、泡汤和健康理疗为主,提供参与、体验和
感悟温泉养生文化的相关产品,达到休闲、疗养及度假等目的的活动。
3.2
    温泉旅游企业 tourist hot spring enterprise
    利用温泉资源,以提供温泉服务(3.1)及相关服务的经济组织。
3.3
    温泉 hot spring
    从地下自然涌出或人工采集, 并含有多种对人体有益的矿物质及微量元素,且水温≥25℃的矿水。
```

(c)

```
3  术语和定义
    本文件没有需要界定的术语和定义。
```

(d)

续图 3-18

(八)符号和缩略语

符号和缩略语这一要素用来给出为理解标准文件所必需的、标准文件中使用的符号和缩略语的说明或定义,由引导语和带有说明的符号和/或缩略语清单构成。如果需要设置符号或缩略语,宜作为标准文件的第4章。如果是为了反映技术准则,符号需要以特定次序列出,那么该要素可以细分为条,每条应给出条标题。根据编写的需要,该要素也可并入"术语和定义"。

根据列出的符号、缩略语的具体情况,符号和/或缩略语清单应分别由下列适当的引导语引出:

①"下列符号适用于本文件。"(当该要素列出的符号适用时)

②"下列缩略语适用于本文件。"(当该要素列出的缩略语适用时)

③"下列符号和缩略语适用于本文件。"(当该要素列出的符号和缩略语适用时)

(九)总体原则和/或总体要求

总体原则这一要素用来规定为实现标准文件编制目标,需要依据的方向性的总框架或准则。标准文件中随后的各要素中的条款或需要符合这些原则,或具体落实这些原则,从而实现标准文件的编制目标。总体要求这一要素用来规定整体标准文件或随后多个要素均需要遵守的要求。

标准文件中如果涉及了总体原则/总则/原则,或总体要求的内容,宜设置总体原则/总则/原则,或总体要求。总体原则/总则/原则应使用陈述型或推荐型条款,不应包含要求型条款。总体要求应使用要求型条款。

（十）核心技术要素

核心技术要素这一要素是各种功能类型标准的标志性要素，它是表述标准特定功能的要素。标准功能类型不同，其核心技术要素就会不同，表述核心技术要素所使用的条款类型也会不同。各种功能类型标准所具有的核心技术要素及其表述时所使用的条款类型应符合表3-4的规定。各种功能类型标准的核心技术要素的具体编写应遵守GB/T 20001(所有部分)的规定。

表3-4 各种功能类型标准的核心技术要素及其表述时所使用的条款类型

标准功能类型	核心技术要素	使用的条款类型
术语标准	术语条目	界定术语的定义时,使用陈述型条款
符号标准	符号/标志及其含义	界定符号或标志的含义时,使用陈述型条款
分类标准	分类和/或编码	陈述型、要求型条款
试验标准	试验步骤	指示型、要求型条款
	试验数据处理	陈述型、指示型条款
规范标准	要求	要求型条款
	证实方法	指示型、陈述型条款
规程标准	程序确立	陈述型条款
	程序指示	指示型、要求型条款
	追溯/证实方法	指示型、陈述型条款
指南标准	需考虑的因素	推荐型、陈述型条款

(注：如果标准化指导性技术文件具有与表中规范标准、规程标准相同的核心技术要素及条款类型，那么该标准化指导性技术文件为规范类或规程类。)

1. 服务规范标准中的要求

一般情况下，服务规范标准在表述要求时需遵守效能原则，即由反映服务效能的具体特性及特性值来表述要求；除非特殊情况，否则不应对组织机构、人员资质或提供服务所使用的物品、设备等进行规定。

服务规范标准首先应对服务提供者与服务对象接触界面进行规定。通常，应针对以下类别的服务效能进行规定：服务效果、宜人性、响应性、普适性等。在选择各类服务效能以及确定具体特性时，可考虑诸如以下内容：

（1）服务效果：优先考虑规定反映服务需达到的效果的特性，或预期交付给服务对象的服务的特性，如满意度、有效投诉率、差错率等。

（2）宜人性：当服务对象的体验感受对实现服务效果十分重要，或服务效果需要通过限定服务提供者的行为加以保证时，对服务提供的便利性、舒适性、愉悦性、感受性等方面的特性以及服务行为（包括发生在服务提供之前、服务提供过程中和服务提供之后的，与服务对象接触界面有关的行为）进行规定，如服务人员倾听服务对象需求、按时通知服务对象、使用简洁适用的语言回答服务对象的问题(如方言、外语等)、使用文明用语等。

（3）响应性：当服务效果需要通过规定响应服务对象需求的能力加以保证时,对反映帮助服务对象并及时提供服务的特性进行规定,如服务持续时间、等待时间、反馈意见处理时间、突发问题处理周期、紧急突发情况应对等。

（4）普适性：当服务的适用范围和程度对于服务效果的实现非常重要时,对反映照顾和考虑所有服务对象的需求的特性进行规定,如考虑老年人、残疾人、儿童、孕妇等特殊人群的需求等。

2.指南标准的表述

指南标准通常包含指导、建议、信息等。在表述上,指导宜使用推荐型条款或陈述型条款,建议应使用推荐型条款,信息应使用陈述型条款。指南标准中不应含有要求型条款,不应含有"要求""总体要求""一般要求""规定"等字样。如果需要强调,可以使用"……是至关重要的""……是十分必要的""……是……的重要因素""最重要的是……"等表述形式。

注：推荐型条款表述指导时通常涉及方向性、原则性的内容；表述建议时通常涉及较具体的内容。

提供指导时,通常在"总则"中予以表述,其他具体的指导宜表述在"需考虑的因素"中相关章或条的起始部分。

提供建议时,宜在指导的基础上给出具体内容,表述在"需考虑的因素"中。

给出信息时,宜将相关内容表述在"需考虑的因素"中。

示例：

6.1 维持景区经济效益

6.1.1 确定长期的、可行的经济运营模式,从而保障经济与社会利益在所有利益相关者中公平分配,对于景区可持续发展是至关重要的。

6.1.2 宜采取淡季促销、开发受季节性波动影响较小的旅游产品等方式,增加非旺季旅游产品供给,降低旅游季节性波动。

6.1.3 宜根据游客需求与市场变化,创新产品类型、丰富产品供给。

6.1.4 宜挖掘本地资源价值,开发与推广有地方特色的、可持续的产品。

6.1.5 宜尽量满足不同人群的可进入条件,通过妥善的设计及其实施方案,解决无法直接进入的访问的景观景点及其设施存在的可进入性问题。

6.1.6 在条件允许的情况下(随着生态环境容量、社区文化容量、游客心理容量、接待设施容量、管理调控容量等某个方面或系列组合的调整),扩大接待容量,尽可能开放更多的景观景点。

6.1.7 在符合资源保护与环境管理目标要求的情况下,宜适度考虑改善餐饮、购物和娱乐等旅游需求的供给条件。

——《旅游景区可持续发展指南》(GB/T 41011—2021)

指南标准示例如图3-19所示。

ICS 03.200
CCS A 12

GB

中华人民共和国国家标准

GB/T 15971—2023
代替 GB/T 15971—2010

导游服务规范

Specification for tour guide service

2023-12-28 发布　　2024-04-01 实施

国家市场监督管理总局
国家标准化管理委员会　发布

(a)

GB/T 15971—2023

目　次

(b)

GB/T 15971—2023

前　言

本文件按照GB/T 1.1—2020《标准化工作导则　第1部分：标准化文件的结构和起草规则》的规定起草。

本文件与GB/T 31385《旅行社服务通则》、GB/T 32942《旅行社产品通用规范》、GB/T 32943《旅行社服务网点服务要求》、GB/T 31386《旅行社出境旅游服务规范》、GB/T 31380《旅行社等级的划分与评定》等文件共同构成旅行社旅游服务系列国家标准。

本文件代替GB/T 15971—2010《导游服务规范》，与GB/T 15971—2010相比，除结构调整和编辑性改动外，主要技术变化如下：

a）更改了“范围”（见第1章，2010年版的第1章）；
b）在“规范性引用文件”中用GB/T 31385代替了LB/T 008，增加了GB/T 31386、LB/T 028和LB/T 039的引用（见第2章，2010年版的第2章）；
c）在“术语和定义”中更改了“组团旅行社”（见3.1，2010年版3.1）、“接待旅行社”（见3.2，2010年版3.2）、“导游员”（见3.3，2010年版3.3）、“全程陪同导游员”（见3.3.1，2010年版3.4）、“地方陪同导游员”（见3.3.2，2010年版3.5），增加了“导游服务”（见3.4）；
d）更改了“导游员素质要求”的名称（见第4章，2010年版第4章），更改了“思想素质”（见4.1，2010年版4.2）、“技能素质”（见4.2，2010年版4.3）、“职业形象”（见4.4，2010年版4.6），删除了“政治素质”（见2010年版4.1）、“心理素质”（见2010年版4.4）、“身体素质”（见2010年版4.5）、“继续教育”（见2010年版4.7）、“职业等级”（见2010年版4.8），增加了“业务知识”（见4.3）；
e）更改了“导游服务通用要求”的名称（见第5章，2010年版第5章），更改了“准备工作”（见5.1，2010年版5.1）、“团队出发与迎接”（见5.2，2010年版5.2）、“在途服务”（见5.3、5.4、5.5、5.6、5.7、5.8、5.9、5.10，2010年版5.3）；
f）更改了“入境游导游服务特别要求”的名称（见第6章，2010年版第6章），更改了“入境游导游服务特别要求”（见6.1，2010年版第6章），增加了“出境游领队服务特别要求”（见6.2）；
g）增加了“突发事件和常见问题的处理”（见第7章）；
h）更改了“导游员服务质量的改进”（见第8章，2010年版第7章），增加了“评价”（见8.1）；
i）删除了“附录A（规范性）若干问题的处理原则”（见2010年版附录A）；
j）增加了“附录A（资料性）导游服务质量评价表”（见附录A）。

请注意本文件的某些内容可能涉及专利。本文件的发布机构不承担识别专利的责任。
本文件由中华人民共和国文化和旅游部提出。
本文件由全国旅游标准化技术委员会（SAC/TC 210）归口。
本文件起草单位：中华人民共和国文化和旅游部、北京第二外国语学院。
本文件主要起草人：韩玉灵、邓德智、印伟、陈乾康、蒋永业、徐璐、周航、范妮娜。
本文件所代替文件的历次版本发布情况为：
——1995年首次发布为GB/T 15971—1995；
——2010年第一次修订；
——本次为第二次修订。

(c)

GB/T 15971—2023

导游服务规范

1　范围

本文件规定了导游服务能力要求、导游服务要求、入出境导游服务特别要求、突发事件和常见问题的处理以及导游服务质量评价与改进。

本文件适用于取得中华人民共和国导游证的人员在接待旅游者过程中提供的服务。

2　规范性引用文件

下列文件中的内容通过文中的规范性引用而构成本文件必不可少的条款。其中，注日期的引用文件，仅该日期对应的版本适用于本文件；不注日期的引用文件，其最新版本（包括所有的修改单）适用于本文件。

GB/T 16766　旅游业基础术语
GB/T 31385　旅行社服务通则
GB/T 31386　旅行社出境旅游服务规范
LB/T 028　旅行社安全规范
LB/T 039　导游领队引导文明旅游规范

3　术语和定义

GB/T 16766、GB/T 31385界定的以及下列术语和定义适用于本文件。

3.1
组团社　organizing travel agency
从事招徕、组织旅游者，与旅游者订立旅游合同的旅行社。

3.2
地接社　local travel agency
接受组团社委托，实施旅游接待计划，在旅游目的地接待旅游者的旅行社。

3.3
导游　tour guide
提供向导、讲解及相关旅游服务的人员。
注：导游包括全陪导游、地陪导游和领队。
［来源：GB/T 31385—2015，3.9，有修改］

3.3.1
全陪导游　national guide
监督并协助地接社、地陪导游及相关接待者的服务，以使组团社的旅游接待计划得以按约实施，为旅游者提供境内全程陪同导游服务的人员。
［来源：GB/T 16766—2017，4.1.7.1，有修改］

3.3.2
地陪导游　local guide
实施旅游接待计划，在境内旅游目的地为旅游者提供导游服务的人员。

1

(d)

图3-19　指南标准示例

本章小结

首先，本章介绍了标准体系的基本概念、特征及原则等，其中，重点介绍了标准体系的两种构建方法——综合标准化法与系统工程法，简要概述了标准体系构建的一般步骤与标准体系表的基本结构。

其次，对照我国旅游标准化发展实际，回顾了自2000年至今我国历版旅游标准体系表的主要结构及修编要点，并对《我国旅游业标准体系表2020》中各子系统的标准体系结构进行了介绍。

最后，结合相关标准文件规范，系统梳理与总结了标准文件编制过程中的主要规范与常见注意事项，对标准文件各个组成部分的要素编写要求进行了介绍。

本章训练

在线答题

第三章

一、简答题

1. 标准体系的基本概念。
2. 构建标准体系需要遵循哪些原则。
3. 构建标准体系的方法。
4. 构建标准体系的一般步骤。

二、项目实训

1. 近年来，大众旅游需求及旅游活动行为发生了许多变化，对应的旅游标准体系也需要进行相应调整以适应产业发展，请结合旅游新业态发展情况试着对当前旅游标准体系进行优化。

2. 请选择一个旅游景区，针对其主营业务与运营流程，对照"第三节　标准文件的编制规范"的内容，草拟一份有关旅游景区服务质量优化提升的标准文件。

第四章
旅游业基础标准

 本章概要

本章主要介绍了导则、指南、术语、标识等旅游业基础标准,这些标准规定了中国旅游标准化建设的基本要素与内容,是旅游标准体系建构的根基。

 学习目标

知识目标

(1)掌握旅游业导则、指南、通则等基础标准规定。
(2)掌握旅游业术语、代号、缩略语等基础标准规定。
(3)熟悉旅游业图形、标识、符号等基础标准规定。

能力目标

(1)提升旅游基础知识认知能力。
(2)提升旅游标准化应用能力。

素养目标

(1)建立对旅游标准及旅游标准化的科学认知,培养标准化思维。
(2)学习旅游标准化的实践案例,认识企业和个人在标准化建设中的责任和义务,培养社会责任感和公民意识。

第四章　旅游业基础标准

知识导图

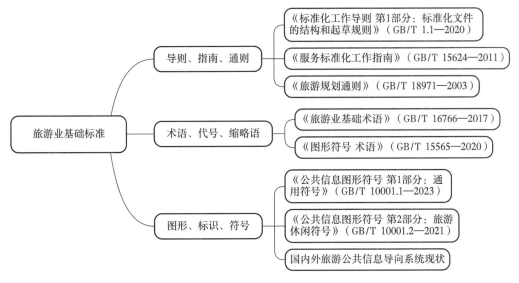

章节要点

认识旅游业基础标准、了解旅游相关概念定义。

第一节　导则、指南、通则

一、《标准化工作导则 第1部分：标准化文件的结构和起草规则》(GB/T 1.1—2020)

（一）标准规定范围

该文件确立了标准化文件的结构及其起草的总体原则和要求，并规定了文件名称、层次、要素的编写和表述规则，以及文件的编排格式。适用于国家、行业和地方标准化文件的起草，其他标准化文件的起草参照使用。

（二）标准核心内容

1. 标准化文件的类别

标准化文件的数量众多，范围广泛，根据不同的属性可以将文件归为不同的类别。我国的标准化文件包括标准、标准化指导性技术文件，以及文件的某个部分等类别。国际标准化文件通常包括标准、技术规范(TS)、可公开提供规范(PAS)、技术报告

章首案例

创新务实推动旅游标准化建设的思考

(TR)、指南(Guide)，以及文件的某个部分等类别。按照不同的属性可以将标准划分为不同的类别。

(1)按照标准化对象，可以将标准划分为以下类别。

① 产品标准：规定产品需要满足的要求以保证其适用性的标准。

② 过程标准：规定过程需要满足的要求以保证其适用性的标准。

③ 服务标准：规定服务需要满足的要求以保证其适用性的标准。

(2)按照标准内容的功能，可以将标准划分为以下类别。

① 术语标准：界定特定领域或学科中使用的概念的指称及其定义的标准。

② 符号标准：界定特定领域或学科中使用的符号的表现形式及其含义或名称的标准。

③ 分类标准：基于来源、构成、性能或用途等相似特性对产品、过程或服务进行有规律的划分、排列或者确立分类体系的标准。

④ 试验标准：在适合指定目的的精密度范围内和给定环境下，全面描述试验活动以及得出结论的方式的标准。

⑤ 规范标准：为产品、过程或服务规定需要满足的要求，并且描述用于判定该要求是否得到满足的证实方法的标准。

⑥ 规程标准：为活动的过程规定明确的程序，并且描述用于判定该程序是否得到履行的追溯/证实方法的标准。

⑦ 指南标准：以适当的背景知识提供某主题的普遍性、原则性、方向性的指导，或者同时给出相关建议或信息的标准。

2. 目标和总体原则

编制文件的目标是通过规定清楚、准确和无歧义的条款，使得文件能为未来技术发展提供框架，并被未参加文件编制的专业人员所理解且易于应用，从而促进贸易、交流以及技术合作。

为了实现上述目标，起草文件时宜遵守以下总体原则：充分考虑最新技术水平和当前市场情况，认真分析所涉及领域的标准化需求；在准确把握标准化对象、文件使用者和文件编制目标的基础上，明确文件的类别和/或功能类型，选择和确定文件的规范性要素，合理设置和编写文件的层次和要素，准确表达文件的技术内容。

二、《服务标准化工作指南》(GB/T 15624—2011)

（一）标准规定范围

该标准规定了服务标准化的范围，服务标准的类型，服务标准的制定、实施以及评价和改进等内容。该标准适用于服务标准化工作。

（二）标准核心内容

1.服务标准化工作总则

(1)重点关注顾客需求。

服务标准化工作应以顾客需求为导向,在标准的制定、实施过程中,充分吸纳顾客参与,尤其是吸纳消费者代表参与,提升顾客满意度,保护消费者合法权益。

(2)紧密结合产业发展。

服务标准化工作应依托相关产业发展,符合行业发展实际,规范引导服务业市场;同时注重以标准化手段推动自主创新,促进先进经验、技术和管理方式在服务业中的应用,实现服务业又快又好发展。

(3)充分考虑服务特性。

服务标准化工作应充分考虑服务的无形性、非储存性、同时性和主动性等特性,创新服务标准化工作的方法和手段,增强工作的有效性。

2. 服务标准化的范围

服务标准化的范围主要包括服务业中的服务活动,也包括农业、工业中存在的服务活动。

3. 服务标准的类型

(1)服务基础标准。

服务基础标准是指适合服务通用或者某一类服务通用的标准,可包括服务术语、服务分类和服务标识与符号等标准。

(2)服务提供标准。

服务提供标准是指为满足顾客的需要,规范供方与顾客之间直接或间接接触活动过程及相关要素的标准,主要包括服务提供者、服务人员、服务环境、服务设施设备、服务用品、服务合同、服务提供过程、服务结果等方面的标准。

(3)服务评价标准。

服务评价标准是指对服务的有效性、适宜性和顾客满意度进行评价,并对达不到预期效果的服务进行改进而收集、制定的标准,主要包括顾客满意度、服务分等分级和服务质量评价等标准。

4. 服务标准制定程序

国家服务标准、行业服务标准、地方服务标准的制定,一般可分为预阶段、立项阶段、起草阶段、征求意见阶段、审查阶段、批准阶段、出版阶段、复审阶段和废止阶段九个阶段。企业服务标准的制定可根据实际情况,省略部分阶段,但是至少应包括起草阶段、征求意见阶段、审查阶段、批准阶段和复审阶段。

5. 服务标准实施途径

服务标准应根据其内容、适用对象的特点等因素,选择适当的实施途径,主要包括:作为认证认可的依据、政策法规引用、作为政府采购的要求、设为质量监督与管理的依据、供方与需方协议采用、公共服务组织自愿使用。

三、《旅游规划通则》(GB/T 18971—2003)

(一)标准规定范围

该标准规定了旅游规划(包括旅游发展规划和旅游区规划)编制的原则、程序和内

实践案例

常州市环球恐龙城休闲旅游区:坚持标准化 服务有温度

容以及评审的方式,提出了旅游规划编制人员和评审人员的组成与素质要求,适用于编制各级旅游发展规划及各类旅游区规划。

(二)标准核心内容

1. 旅游规划编制的要求

(1)旅游规划编制要以国家和地区社会经济发展战略为依据,以旅游业发展方针、政策及法规为基础,与城市总体规划、土地利用规划相适应,与其他相关规划相协调;根据国民经济形势,对上述规划提出改进的要求。

(2)旅游规划编制要坚持以旅游市场为导向,以旅游资源为基础,以旅游产品为主体,坚持经济、社会和环境效益可持续发展的指导方针。

(3)旅游规划编制要突出地方特色,注重区域协同,强调空间一体化发展,避免近距离不合理重复建设,加强对旅游资源的保护,减少对旅游资源的浪费。

(4)旅游规划编制鼓励采用先进方法和技术。编制过程中应当进行多方案的比较,并征求多方意见,如各有关行政管理部门的意见,尤其要征求当地居民的意见。

(5)旅游规划编制工作所采用的勘察、测量方法与图件、资料,要符合相关国家标准和技术规范。

(6)旅游规划技术指标应当适应旅游业发展的长远需要,具有适度超前性。

(7)旅游规划编制人员应有比较广泛的专业构成,如旅游、经济、资源、环境、城市规划、建筑等方面。

2. 旅游规划的编制程序

(1)任务确定阶段。

①委托方确定编制单位。

委托方应根据国家旅游行政主管部门对旅游规划设计单位资质认定的有关规定,确定旅游规划编制单位。通常有公开招标、邀请招标、直接委托等形式。

公开招标:委托方以招标公告的方式邀请不特定的旅游规划设计单位投标。

邀请招标:委托方以投标邀请书的方式邀请特定的旅游规划设计单位投标。

直接委托:委托方直接委托某一特定的旅游规划设计单位进行旅游规划的编制工作。

②制定项目计划书并签订旅游规划编制合同。

委托方应制定项目计划书并与旅游规划编制单位签订旅游规划编制合同。

(2)前期准备阶段。

①政策法规研究。

对国家和本地区旅游及相关政策、法规进行系统研究,全面评估规划对社会、经济、文化、环境及政府行为等方面的影响。

②旅游资源调查。

对规划区内旅游资源的类别、品位进行全面调查,编制规划区内旅游资源分类明细表,绘制旅游资源分析图,在具备条件时可根据需要建立旅游资源数据库,确定其旅游容量,调查方法可参照《旅游资源分类、调查与评价》(GB/T 18972—2017)执行。

③旅游客源市场分析。

在对规划区的旅游者数量和结构、地理和季节性分布、旅游方式、旅游目的、旅游偏好、停留时间、消费水平进行全面调查分析的基础上,研究并提出规划区旅游客源市场未来的总量、结构和水平。

④旅游资源综合评价。

对规划区旅游业发展进行竞争性分析,确立规划区在交通可进入性、基础设施、景点现状、服务设施、广告宣传等方面的区域比较优势,综合分析和评价各种制约因素及机遇。

(3)规划编制阶段。

① 在前期准备工作的基础上,确立规划区的旅游主题,包括主要功能、主打产品和主题形象。

② 确立规划分期及各分期目标。

③ 提出旅游产品及设施的开发思路和空间布局。

④ 确立重点旅游开发项目,确定投资规模,进行经济、社会和环境评价。

⑤ 形成规划区的旅游发展战略,提出规划实施的措施、方案和步骤,包括政策支持、经营管理体制、宣传促销、融资方式、教育培训等。

⑥ 撰写规划文本、说明和附件的草案。

(4)征求意见阶段。

规划草案形成后,原则上应广泛征求各方意见,并在此基础上,对规划草案进行修改、充实和完善。

3. 旅游发展规划

(1)旅游发展规划的类别。

旅游发展规划按规划的范围和政府管理层次,可以分为全国旅游业发展规划、区域旅游业发展规划和地方旅游业发展规划。其中,地方旅游业发展规划又可分为省级旅游业发展规划、地市级旅游业发展规划和县级旅游业发展规划等。地方各级旅游业发展规划均依据上一级旅游业发展规划,并结合本地区的实际情况进行编制。

旅游发展规划包括近期发展规划(3—5年)、中期发展规划(5—10年)和远期发展规划(10—20年)。

(2)旅游发展规划的主要任务。

旅游发展规划的主要任务是明确旅游业在国民经济和社会发展中的地位与作用,提出旅游业发展目标,优化旅游业发展的要素结构与空间布局,安排旅游业发展优先项目,促进旅游业持续、健康、稳定发展。

(3)旅游发展规划的主要内容。

① 全面分析规划区旅游业发展历史与现状、优势与制约因素,以及与相关规划的衔接。

② 分析规划区的客源市场需求总量、地域结构、消费结构及其他结构,预测规划期

内客源市场需求总量、地域结构、消费结构及其他结构。

③ 提出规划区的旅游主题形象和发展战略。

④ 提出旅游业发展目标及其依据。

⑤ 明确旅游产品开发的方向、特色与主要内容。

⑥ 提出旅游发展重点项目,对其空间及时序做出安排。

⑦ 提出要素结构、空间布局及供给要素的原则和方法。

⑧ 按照可持续发展原则,注重保护与开发利用的关系,提出合理的措施。

⑨ 提出规划实施的保障措施。

⑩ 对规划实施的总体投资进行分析,主要包括对旅游设施建设、配套基础设施建设、旅游市场开发、人力资源开发等方面的投入与产出的分析。

(4)旅游发展规划成果。

旅游发展规划成果包括规划文本、规划图表及附件。规划图表包括区位分析图、旅游资源分析图、旅游客源市场分析图、旅游业发展目标图表、旅游产业发展规划图等。附件包括规划说明和基础资料等。

4. 旅游区规划

旅游区规划按规划层次可以分为总体规划、控制性详细规划、修建性详细规划等。以下主要介绍旅游区的总体规划。

(1)旅游区总体规划的期限和任务。

旅游区在开发、建设之前,原则上应当编制总体规划。小型旅游区可直接编制控制性详细规划。旅游区总体规划的期限一般为10—20年,同时可根据需要对旅游区的远景发展做出轮廓性的规划安排。对于旅游区近期的发展布局和主要建设项目,亦应做出近期规划,期限一般为3—5年。

旅游区总体规划的任务是,分析旅游区客源市场,确定旅游区的主题形象,划定旅游区的用地范围及空间布局,安排旅游区基础设施建设内容,提出开发措施。

(2)旅游区总体规划的内容。

① 对旅游区的客源市场的需求总量、地域结构、消费结构等进行全面分析与预测。

② 界定旅游区范围,进行现状调查和分析,对旅游资源进行科学评价。

③ 确定旅游区的性质和主题形象。

④ 确定规划旅游区的功能分区和土地利用,提出规划期内的旅游容量。

⑤ 规划旅游区的对外交通系统的布局和主要交通设施的规模、位置;规划旅游区内部的其他道路系统的走向、断面和交叉形式。

⑥ 规划旅游区的景观系统和绿地系统的总体布局。

⑦ 规划旅游区其他基础设施、服务设施和附属设施的总体布局。

⑧ 规划旅游区的防灾系统和安全系统的总体布局。

⑨ 研究并确定旅游区资源的保护范围和保护措施。

……

第二节 术语、代号、缩略语

一、《旅游业基础术语》(GB/T 16766—2017)

(一)标准规定范围

该标准界定了我国旅游业中的基本概念和基础术语,适用于各类旅游业的国家标准、行业标准和地方标准的编写,也可供旅游业各相关部门在行业管理、市场营销、经营管理、教学科研等活动中引用和参考,以及国际交流和参照。

(二)标准核心内容

1. 旅游基础

(1)旅游(Travel;Tour):非就业和迁徙目的离开其惯常环境,且连续不超过一年的旅行和短期居停。

(2)旅游者(Tourist)、游客(Visitor):离开惯常环境旅行,时间不超过12个月,且不从事获取报酬活动的人。

(3)惯常环境(Usual Environment):一个人的日常工作(或学习)、居住和人际交往的环境。

(4)旅游资源(Tourist Resource):对旅游者具有吸引力,并能给旅游经营者带来效益的自然和社会事物。

(5)旅游产品(Tourist Product):通过利用、开发旅游资源提供给旅游者的旅游吸引物与服务的组合。

(6)旅游客源地(Tourist-Generating Region;Tourist Source Region):具备一定人口规模和旅游消费能力,能够向旅游地提供一定数量旅游者的地区。

(7)旅游需求(Tourism Demand):一定时期内、一定条件下旅游者愿意且能够购买旅游产品的数量。

(8)旅游供给(Tourism Supply):旅游经营者在一定时期内、一定条件下愿意并且能够向旅游市场提供旅游产品的数量。

(9)旅游业(Tourism;Tourism Industry):向旅游者提供旅游过程中所需要的产品和服务的产业集群。

(10)旅游目的地(Tourist Destination):能够吸引一定规模数量的旅游者逗留,具有较大空间范围和较齐全接待设施的旅游地域综合体。

(11)旅游城市(Tourist City;Tourist Urban):具有鲜明城市文化特色,旅游业在当地经济发展中占据较重要地位的城市。

（12）旅游旺季（On Season；High Season）：一年中旅游者到访较集中的几个月份。

（13）旅游淡季（Off Season；Low Season）：一年中旅游者到访人数较稀少的几个月份。

（14）旅游平季（Shoulder Season）：一年中处于旅游旺季与淡季之间的月份。

（15）旅游行业景气度（Tourism Prosperity）：反映宏观旅游经济运行和企业生产经营所处的状况和未来发展变化趋势。

（16）旅游卫星账户（Tourism Satellite Account）、旅游附属账户：在国民经济核算体系之外，按照国民经济核算体系的概念和分类标准，将所有由于旅游而产生的消费和产出部分分离出来，进行单独核算的虚拟账户。

（17）旅游业增加值（Tourism Value-Added）：由旅游产业所生产的各种旅游和非旅游产品组成的总产出减去生产过程中消耗的来自各产业部门的产品（中间消耗）。

（18）智慧旅游（Smart Tourism）：运用云计算、物联网、移动互联网等信息通信技术，感测、分析、整合旅游产业活动中的各项关键信息，对企业管理、公共服务和旅游者出游等各种需求做出的智能响应和解决方案。

（19）旅游电子商务（Tourism Electronic Commerce）：以网络为平台运作旅游业的商务体系。

2. 旅游活动

（1）国内旅游（Domestic Tourism）：在本国内进行的旅游。

（2）出境旅游（Outbound Tourism）：前往其他国家或地区的旅游。

（3）入境旅游（Inbound Tourism）：境外居民进入中国大陆境内的旅游。

（4）边境旅游（Border Tourism）：由中外双方政府商定，在不自由开放、有管制的两国间边境地区进行的跨境旅游。

（5）团队旅游（Group Tour）：通过旅行社和相关旅游服务中介机构，以旅游包价形式，按照预选设定的行程进行的有组织的旅游。

（6）散客旅游（Independent Tour）：由旅游者自行安排旅游活动行程，或通过旅游中介机构办理单项委托业务，零星支付旅游费用的旅游。

（7）自助旅游（Self-Service Tour）：由旅游者完全自主选择和安排，没有全程导游陪同的旅游。

（8）背包旅游（Bag Packing；Backpacker Travel）：尽可能少花钱并以随身背包作为行囊的自助旅游。

（9）观光旅游（Sightseeing）：以欣赏自然景观、历史古迹遗址、民俗风情等为主要目的和游览内容的旅游。

（10）度假旅游（Holiday；Vacation）：以度假和休闲为主要目的和内容的旅游。

（11）探亲旅游（Visiting Relative and Friend）：以探亲访友为目的的旅游。

（12）商务旅游（Business Travel）：职业人士在商务活动过程中进行的旅游。

3. 旅游经营

（1）旅行社（Travel Agency；Travel Service）、旅游运营商（Tour Operator）：为旅游

者提供相关旅游服务,开展国内旅游业务、入境旅游业务或出境旅游业务,并实行独立核算的企业。

(2)旅游批发商(Tour Wholesaler):将旅游交通,旅游住宿,旅游目的地的旅行社、旅游景点等有关旅游企业的产品和服务,组合成为不同的包价旅游线路产品或包价度假产品的中间商组织。

(3)旅游代理商(Travel Agent)、旅游零售商(Retail Travel Agent):只销售批发商的包价旅游产品和各类单项委托服务的旅游企业。

(4)在线旅行社(Online Travel Agency)、网上旅行社(Travel Service on the Internet):利用互联网、移动电子商务等新兴技术,满足旅游者信息查询、产品预订及服务评价需求的一种经营模式或企业。

4. 住宿业

旅游饭店(Tourist Hotel):以提供住宿服务为主,同时还提供餐饮、购物、娱乐、度假和商务活动等多种服务的企业。

注:按地区、类别和等级不同,习惯上也被称为宾馆、酒店、旅馆、旅社、旅舍、宾舍、客舍、度假村、俱乐部、大厦、中心等。

5. 旅游景区

旅游景区(Scenic Spot;Tourist Attraction):以满足旅游者出游目的为主要功能,并具备相应旅游服务设施,提供相应旅游服务的独立管理区。

6. 旅游公共服务

(1)旅游目的地信息系统(Tourist Destination Information System):旅游目的地建立的旅游产品数据库、游客信息数据库、市场分析数据库和计算机预订中心等系统。

(2)旅游信息服务中心(Tourist Information Center):为旅游者和其他公众提供旅游信息和相关咨询服务的公共服务设施。

(3)旅游集散中心(Hub of Tourism Dispatch):在交通枢纽地区,为旅游者设置的接待设施和服务网点。

(4)旅游投诉(Tourist Complaint):旅游者、海外旅行商、国内旅游经营者为维护自身和客户的合法权益,对损害其合法权益的旅游经营者和有关服务单位,以书面或口头形式向旅游行政管理部门提出请求处理或要求补偿的行为。

(5)游客满意度(Tourist Satisfaction):游客在旅游过程中,对其预期与实际体验效果之间的差异感受与评价。

二、《图形符号 术语》(GB/T 15565—2020)

(一)标准规定范围

该标准界定了图形符号、标志、公共信息导向系统、安全信息识别系统以及导向系统的设计及设置等方面的术语及其定义,确立了图形符号领域的概念体系,适用于图形符号和导向系统等相关领域。

（二）标准核心内容

1. 标志

标志（Sign）：由呈现在衬底色和/或边框构成的几何形状中的符号形成的传递特定信息的视觉构型。

2. 公共信息导向系统

（1）公共信息导向系统（Public Information Guidance System）：由公共信息导向要素构成的引导人们在公共场所进行有序活动的导向系统。

（2）公共信息标志（Public Information Sign）：传递公共场所、公共设施及服务功能等信息的标志。

（3）导向要素（Guidance Element）：导向系统中具有特定功能的最小组成部分。

3. 安全信息识别系统

（1）安全信息识别系统（Safety Information Identification System）：在公共场所或工作区域中由多种系统要素配合使用形成的传递安全信息的标志系统。

（2）应急导向系统（Emergency Guidance System）：由应急导向要素构成的引导人们紧急情况下沿着指定疏散路线撤离危险区域的导向系统。

注：在应急导向系统中，导向要素主要包括疏散平面图、安全标志、安全标记等。

4. 导向系统设计和设置

（1）导向要素设计原则。

① 简洁性（Conciseness）：导向要素通过尽可能少的视觉元素和尽可能简单的形式能准确表达导向信息的特性。

② 整体性（Integration）：导向要素上共同表达某种导向信息的多个视觉元素被感知为一个整体的特性。

③ 醒目性（Conspicuity）：视野内的标志/导向要素较其环境背景易于引起注意的特性。

④ 一致性（Uniformity）：（导向系统）导向要素设计使用的视觉元素以及设置采用的设置方式和位置相近的特性。

⑤ 协调性（Coordination）：各视觉元素为实现导向要素的整体效能而相互配合，或者各导向要素为实现导向系统的整体功能而相互配合或与环境配合的特性。

（2）导向系统设置原则。

系统性（Systematicness）：导向系统内各导向要素之间信息的连续传递以及各导向系统之间信息的顺畅连接、转换，从而达到导向目的的特性。

第三节　图形、标识、符号

一、《公共信息图形符号 第1部分：通用符号》(GB/T 10001.1—2023)

（一）标准规定范围

该文件界定了各类公共场所中使用的通用公共信息图形符号（以下简称图形符号），给出了图形符号的含义及说明，并规定了图形符号的应用要求。适用于旅游休闲、客运货运、运动健身、购物、医疗保健、办公教学等领域的公共场所及相关设施，具体用于公共信息导向系统中的位置标志、导向标志、信息索引标志、平面示意图、街区导向图、便携印刷品及其他信息载体中的导向要素设计。

（二）部分图形符号

部分通用图形符号及含义见表4-1。

表4-1　通用图形符号及含义

图形符号	指示信息	释义
	公园	表示供公众游览休息的园林或位置
	动物园	表示供公众观览各种动物的场所或位置
	植物园	表示供公众观览各种植物的场所或位置
	商场、购物中心	表示出售各种商品的场所或位置，如商场、商店、购物中心等
	宾馆/饭店	表示提供膳食的场所、位置或服务，如宾馆、饭店、旅馆或其预订处等

续表

图形符号	指示信息	释义
	博物馆	表示收藏、展览各类文物或标本的场所或位置,如博物馆、博物院等
	美术馆	表示展览各种艺术作品的场所或位置,如艺术馆、画廊等
	信息服务	表示提供信息的场所或位置,如信息亭、游客中心等。也可用于信息索引标志、平面示意图、街区导向图等导向要素中,表示提供"信息"

二、《公共信息图形符号 第2部分:旅游休闲符号》(GB/T 10001.2—2021)

(一)标准规定范围

该文件界定了旅游休闲方面的公共信息图形符号(以下简称图形符号),给出了图形符号的含义及说明,并规定了图形符号的应用要求。适用于宾馆、饭店、旅游景区等旅游休闲场所及相关设施,具体用于公共信息导向系统中的位置标志、导向标志、信息索引标志、平面示意图、街区导向图、便携印刷品及其他信息载体中的导向要素的设计。

(二)部分图形符号

旅游休闲图形符号及含义见表4-2。

表4-2　旅游休闲图形符号及含义

图形符号	指示信息	释义
	旅游服务	表示提供旅行接待与服务的部门或场所,如旅行社、导游服务处、旅游报名点等
	团队服务	表示提供团队集合、接待、服务的场所或提供团队服务
	送餐服务	表示提供客房订餐及送餐的服务

续表

图形符号	指示信息	释义
	名胜古迹	表示具有著名历史遗迹的场所
	风景区	表示具有观赏、文化或者科学价值,自然景观和人文景观集中,环境优美,可供人们游览或者进行科学、文化活动的区域
	露天浴场	表示供露天游泳和休闲的场所
	水上乐园	表示供水上娱乐的场所
	海洋馆/海洋公园	表示供公众观览各种海洋动物的场所
	房车营地	表示供野外宿营停放房车的场所
	度假村	表示远离闹市、供公众度假的休闲场所
	山峰	表示山峰
	雪山	表示雪山
	冰川	表示冰川
	峡谷	表示峡谷

续表

图形符号	指示信息	释义
	湿地	表示湿地、沼泽
	海滩	表示海滩

三、国内外旅游公共信息导向系统现状

（一）国外导向系统的发展

1906年，世界上最早的国际性电工标准化机构——国际电工委员会（IEC）成立。1970年国际标准化组织（ISO）下属图形符号技术委员会建立，主要负责图形以及符号要素（颜色和形状）的国际标准化工作，并于1972年在德国柏林召开了首届国际ISO标识会议。国际标准化组织下设技术委员会（SC），SC分为SC1（公共信息符号）、SC2（安全识别、标志、形状、符号和颜色）、SC3（设备用图形符号）。1974年，美国交通部又提出了34种基本以图形方式表达的视觉系统内容，包括公用电话、邮政服务、外汇兑换、医疗救护、失物领取、行李存放、电梯、男女厕所、问询处、旅馆介绍、出租汽车、公共汽车、连接机场的地铁或者火车、飞机场、直升机、轮船、租车、餐厅、咖啡店、酒吧、小商店和免税店、售票处、行李处、海关、移民检查、禁烟区、吸烟区、不许停车区、不许进入区等方面的导向标识。为了保证这个系统的方便应用，美国交通部制造出了标准化的视觉传达系统图形。这些图形可以不通过文字说明就被来自不同国家、具有不同文化程度的人们所了解，极大地方便了人们的生活和工作。

由此可见，欧美各国的视觉导向系统设计起步较早，他们关于视觉导向系统设计的研究理论的发展已经达到一定的水平，并在应用方面也取得了相当的成绩，积累了丰富的经验，有很多值得借鉴的地方。当前，美国的城市公共信息导向系统居世界领先地位，相关法规多而细，如《美国残疾人法案》（Americans with Disabilities Act）、《交通控制设施手册》（Manual on Uniform Traffic Control Devices）等。

在亚洲国家的一些城市，其公共交通信息导向系统也有较快的发展，设计完善合理，有自己的特色，如日本东京、韩国首尔等。国外的视觉导向系统设计师的设计理念较为新颖，在材料的运用、图案的处理及色彩的选取等方面，都有其独到的见解，并且善于将地域文化特征与视觉导向系统设计进行有机的结合。同时，关注使用人群的真实心理感受，在设计上充分体现了视觉导向系统的实用性、文化性和人性化的设计理念。例如：韩国首尔注重改善公交系统的内涵升级，通过其公交体制改革，实现公交系统的革新，进而重新树立公共交通信息导向系统的现代形象。总结起来，他们的具体做法包括：重新整顿公交线路体系；运用科学方法管理公交线路；推行公交运营体制改

革,并且注重把研究成果应用到城市公共设施建设中,方便城市居民的生活等。

(二)我国导向系统的发展

我国第一个导向标识方面的国家标准是1983年发布的《公共信息图形符号》(GB 3818—1983)。1986年发布了《道路交通标志与标线》(GB 5768—1986)和《铁路客运服务图形标志》(GB/T 7058—1986)。1988年发布了《公共信息标志用图形符号》(GB 10001—1988)。1995年发布了《图形符号 术语》(GB/T 15565—1995)和《图形标志 使用原则与要求》(GB/T 15566—1995)。GB/T 10001是我国公共信息图形符号领域的一个重要国家标准,经历了多次修订。1994年第一次修订时,将 GB 3818—1983和GB 10001—1988合并。2000年第二次修订时,将其分为多个部分,包括"第1部分:通用符号""第2部分:旅游设施与服务符号""第3部分:客运与货运符号""第4部分:体育运动符号"。

因此,可以说20世纪末我国已经形成了具体图形符号以及图形标志设计、测试、设置的国家标准体系。进入21世纪,中国标准化研究院提出了建立城市公共信息导向系统的理念,其基本思想是将城市公共信息导向系统视为引导人们在某个城市内的任何公共场所进行活动的信息系统。该系统将一个城市看作一个整体,系统的设置应达到这样一种效果:人们从进入城市,到在这个城市进行活动,直到离开城市,都感到方便和自由。城市公共信息导向系统主要由三个子导向系统构成,分别为城市出入口信息导向系统、市内交通信息导向系统、市内公共服务与娱乐设施信息导向系统。

城市公共信息导向系统的导向功能是通过各种导向要素来实现的。构成城市公共信息导向系统的导向要素主要包括:位置标志、导向标志、平面示意图、信息板、街区导向图、便携印刷品、各种电子信息显示及咨询设施等。导向要素的具体导向功能是通过构成导向要素的各元素来实现的。导向要素通常由图形标志、文字或文字标志、方向箭头、颜色、企业徽标及名胜古迹的标志等元素构成。在城市导向系统理论的指导下,全国图形符号标准化技术委员会制定了公共信息导向系统标准体系框架,并编制了一系列国家标准,充实完善了标准体系(见图4-1)。

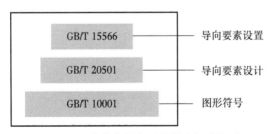

图4-1 公共信息导向系统国家标准体系

本章小结

本章主要介绍了旅游业的一些基础标准,如《标准化工作导则 第1部分:

标准化文件的结构和起草规则》(GB/T 1.1—2020)、《服务标准化工作指南》(GB/T 15624—2011)、《旅游业基础术语》(GB/T 16766—2017)等,这些标准对旅游业及相关领域的基础内容进行了界定,共同构建起我国旅游标准体系的基础,它们也是编著旅游相关标准时的重点参考与引用对象。

本章训练

一、简答题

1. 请依据标准化对象,对标准进行分类。
2. 简述国家服务标准、行业服务标准、地方服务标准的一般制定流程。
3. 简述旅游发展规划的主要内容。

二、项目实训

假设你是一名景区管理人员,负责景区标准化标识设计工作,请结合景区的具体经营服务内容,设计一套科学规范、系统全面、因地制宜的景区旅游标识体系。

第五章
旅游业分类标准

本章概要

　　本章主要介绍了我国旅游住宿、旅行社、旅游交通、旅游景区等行业或业态的相关标准及其主要内容,并对不同行业及业态的旅游管理办法进行系统梳理与解读,以帮助读者建立对于旅游业不同类型标准的整体认知。

学习目标

知识目标

(1)掌握我国旅游住宿、旅行社、旅游交通、旅游景区等行业或业态的核心标准及规定。
(2)熟悉我国旅游业不同行业或业态的旅游标准及规定的特点。

能力目标

(1)提升旅游标准系统认知能力。
(2)提升旅游标准专业实践能力。

素养目标

(1)通过学习旅游业各行业及业态的相关标准,增强关于社会主义核心价值观对旅游发展的指导作用的认识。
(2)深入了解旅游业务运作的规范要求,提升对旅游业的责任意识和社会责任感。

知识导图

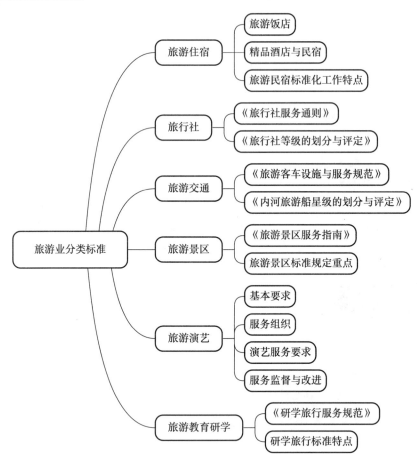

 章节要点

旅游饭店星级划分标准、旅游民宿标准化工作特点、旅行社等级划分标准等。

第一节 旅游住宿

作为旅游业的重要组成部分,旅游住宿业在提供优质的住宿服务、舒适的居住环境,保障游客安全方面起着关键作用。随着旅游业的迅速发展和人们对旅游品质的不断追求,旅游住宿业也面临着更高的要求和挑战。为了规范旅游住宿业的经营行为,提升其服务质量,我国相关部门积极制定和发布了一系列旅游住宿标准,涵盖住宿设施、服务标准、管理规范等方面的内容。

一、旅游饭店

（一）旅游饭店星级评定制度

中国现代饭店业的星级评定标准制定工作是从 20 世纪 80 年代末伴随着我国饭店业的起步、合资经营管理、引进国际酒店品牌开始的。1987 年 7 月，国家旅游局邀请世界旅游组织专家到中国先后考察了北京、天津、上海、江苏、浙江、山东、广东、广西等地的 113 家饭店，全面系统地调查研究了我国饭店业的实际情况，并参考国际经验，结合中国国情，制定了《旅游涉外饭店星级标准》。在征求世界旅游组织专家的意见后，报国务院批准，该标准于 1988 年 8 月发布，并在我国饭店业宣贯实施，拉开了我国旅游标准化的序幕。1993 年 1 月，国家技术监督局正式发布《旅游涉外饭店星级划分及评定》（GB/T 14308—1993），该标准指出：旅游涉外饭店的建筑、附属设施和运行管理应符合消防、安全、卫生、环境保护等方面现行的国家有关法规和标准。接下来，饭店星级评定标准每隔几年就制修订一次，分别形成了 1997 年版、2003 年版、2010 年版、2023 年版的修订版本。

1997 年版《旅游饭店星级的划分与评定》（GB/T 14308—1997）的显著特点就是在三星级以上饭店增加了选择项目，为饭店的个性化发展增加了灵活性和选择空间，引导我国旅游饭店从过去大而全的统一模式逐步向个性化方向发展。此次修订体现了以下原则：一是以客人实际感受和需要为第一原则；二是以服务项目投资量大小来选择项目的原则；三是发展导向原则；四是权重关系原则；五是与老标准衔接的原则；六是各个星级兼顾的原则。

2003 年版《旅游饭店星级的划分与评定》（GB/T 14308—2003），与 1997 年版相比，其主要变化包括：用"旅游饭店"取代"旅游涉外饭店"，并按国际惯例明确了旅游饭店的定义；规定旅游饭店使用星级的有效期限为五年，取消了星级终身制，增加了预备星级；明确了星级的评定规则，增加了某些特色突出或极其个性化的饭店可以直接向全国旅游饭店星级评定机构申请星级的内容；对餐饮服务的要求适当简化；将一星级饭店客房的最低数量要求由原来的 20 间改为 15 间；将原标准三星级以上饭店的选择项目合并，增加了饭店品牌、总经理资质、环境保护等内容；对四星级以上饭店的核心区域前厅、客房和餐厅强化了要求，增加整体舒适度等内容；借鉴一些国家的做法，增设了"白金五星级"。特点是突出强调了饭店管理的专业化效果，以及饭店的整体性、客房的整体舒适性。

2010 年版《旅游饭店星级的划分与评定》（GB/T 14308—2010），与 2003 年版相比，其主要技术内容变化包括：加了对 GB/T 16766、GB/T 15566.8 的引用；更加注重饭店核心产品，弱化配套设施；将一星级、二星级、三星级饭店定位为有限服务饭店；突出绿色环保的要求、强化安全管理要求，将应急预案列入各星级的必备条件；提高饭店服务质量评价的操作性；增加例外条款，引导特色经营；保留白金五星级的概念，其具体标准与评定办法将另行制定。具有六大特点：一是强调必备项目；二是强调饭店客房为核心产品，突出舒适度要求；三是强调绿色环保；四是强调应急管理；五是强调软件服务;六是强调特色经营。

2023年版《旅游饭店星级的划分与评定》(GB/T 14308—2023),与2010年版相比,其主要技术内容变化包括:将"总则"更改为"基本要求",增加"坚持社会主义核心价值观""坚持新发展理念""坚持文旅深度融合"等要求;增加"公共卫生管理"的相关条款;更改"设施设备评分表"名称和总分值;在"饭店运营质量"中,增加宾客网络评价内容;增加"批量评定机制"的条款;更改"饭店星级标志有效期及评定性复核期限"。体现了对旅游饭店星级评定的全面优化和升级,适应了时代发展和行业需求的变化。彰显了对公共健康和安全的高度重视,尤其重视在面对突发公共卫生事件时的应对能力。这些改变和新增的内容共同强调了对于提升旅游饭店服务质量、管理水平和行业形象的重视和努力。

从最初的大众旅游时代到现在的个性休闲、度假时代,星级标准的评定制度和复核制度,不仅规范了我国饭店业的管理秩序,也成为人们在旅游、商务往来、度假时选择饭店和消费的标准与杠杆。根据饭店的建筑设备、饭店规模、功能配备、服务质量、管理水平等标准而评定的不同饭店星级,一度成为饭店投资者和管理者不懈追求的目标。中国饭店业的星级评定标准从设立至今,对行业的发展起到了积极的、巨大的作用,一直引领着我国饭店业在健康的轨道上前行和发展。"星级"已经成为优秀服务品质的代名词,许多窗口行业纷纷借用"星级"打造自己的服务等级,如星级医院、星级养老院、星级银行、星级列车、星级邮局等。由此看出,我国饭店星级评定制度对社会服务业贡献巨大。

(二)《旅游饭店星级的划分与评定》(GB/T 14308—2023)

一星级、二星级、三星级饭店相关项目评定要求

1. 基本要求

(1)应坚持社会主义核心价值观,诚信经营。

(2)应符合治安、消防、卫生、环境保护、安全等有关要求。

(3)应坚持新发展理念,落实低碳节能、绿色环保、制止餐饮浪费、垃圾分类、塑料污染治理等相关要求。

(4)应坚持文旅深度融合发展,弘扬优秀文化,发挥文化传播窗口作用。

(5)应按要求向文化和旅游行政主管部门报送统计调查资料,根据规定向有关部门上报突发事件等信息。

(6)饭店内所有区域应达到同一星级的运营规范和管理要求。饭店评定星级时不应因为某一区域所有权或经营权的分离,或因为建筑物的分隔而区别对待。

(7)饭店开业一年后可申请评定星级,经相应星级评定机构评定合格后取得星级标志,有效期为五年。

2. 一星级、二星级、三星级饭店必备项目比较

一星级、二星级、三星级饭店在总体要求、设施、服务等项目方面有着相应的要求,具体内容请扫二维码查看。

3. 四星级、五星级饭店必备项目比较

四星级、五星级饭店在总体要求、设施、服务等必备项目方面有着相应的要求,具体内容请扫二维码查看。

四星级、五星级饭店必备项目比较

随着中国社会和经济的蓬勃发展,以及进一步扩大的改革开放,特别是全球经济一体化的趋势,旅游、商务往来、度假和住宿已经成为人们在跨国和跨地域生活和工作中不可或缺的重要组成部分。当前,中国的饭店业发展迅猛,市场上"百花齐放""百舸争流"。不仅传统的经济型酒店品牌保持着市场的绝对优势,象征着中国饭店业最高标准的五星级饭店在近年来的发展速度也呈现出快速增长的态势。

根据相关统计(见表5-1),截至2022年底,我国已评定的星级饭店数量已达到7337家,包括783家五星级饭店、2285家四星级饭店、3487家三星级饭店、768家二星级饭店、14家一星级饭店,以四星级与三星级为主的中端饭店是我国星级饭店的主要组成部分。

表5-1 2022年度全国星级饭店规模结构情况

指标	单位	五星级	四星级	三星级	二星级	一星级	合计
饭店数量	家	783	2285	3487	768	14	7337
客房数	万间/套	26.39	44.10	36.03	4.84	0.05	111.41
床位数	万张	39.04	94.45	62.38	8.71	0.09	204.67

注:统计数据来源于《2022年度全国星级饭店统计调查报告》。

与此同时,近年来,我国饭店业还涌现出许多非传统意义上的主题酒店、精品酒店、特色酒店等新兴业态,对以政府为主导的标准化格局形成冲击。如果仍然采用传统的饭店星级评定标准来界定和评价当前的各种酒店业态,就显得不够与时俱进和过于僵化了。随着行业的不断发展和多元化需求的增长,我们需要更加灵活的、适应变化的评定标准,以确保旅游饭店的星级划分和评定符合时代潮流,并能满足消费者的多样化需求。只有不断更新和改进标准,才能促进饭店业的创新发展,提升行业的竞争力,为广大游客提供更好的住宿体验。

二、精品酒店与民宿

近年来,随着旅游业的蓬勃发展,民宿的重要性日益凸显。2017年8月21日,国家旅游局发布了《旅游民宿基本要求与评价》与《精品旅游饭店》两条行业标准。这意味着,对行业标准呼吁已久的国内民宿、精品酒店等非标准化住宿行业终于迎来了统一规范。这两条标准是关于住宿业态细化的指导性文件,有助于在多元化、多样化、个性化、特色化方面引导星级酒店发展。

(一)《旅游民宿基本要求与评价》

《旅游民宿基本要求与评价》(LB/T 065—2019)适用于正式营业的小型旅游住宿设施,包括但不限于客栈、庄园、宅院、驿站、山庄等。明确旅游民宿是指利用当地闲置资源，民宿主人参与接待，为游客提供体验当地自然、文化与生产生活方式的小型住宿设施，还规定了旅游民宿的定义、评价原则、基本要求、管理规范和等级划分条件。《旅游民宿基本要求与评价》中相关内容请扫二维码查看。

（二）《精品旅游饭店》

《旅游民宿基本要求与评价》中相关内容

《精品旅游饭店》（LB/T 066—2017）规定了精品旅游饭店的定义、基本特征、必备要求、一般要求和评定要求，适用于要求创建精品旅游饭店的住宿企业。明确精品旅游饭店是指地理位置优越、设计风格独特、文化内涵丰富、品质精良、运营专业的小型精致旅游饭店。《精品旅游饭店》中相关内容请扫二维码查看。

（三）《乡村民宿服务质量规范》

《精品旅游饭店》中相关内容

2020年，国家发布、实施《乡村民宿服务质量规范》（GB/T 39000—2020），对乡村民宿的术语和定义、基本要求、设施设备、安全管理、环境卫生、服务要求、持续改进等做出了规定。《乡村民宿服务质量规范》中相关内容请二维码查看。

三、旅游民宿标准化工作特点

（一）突出安全管理的重要性

《乡村民宿服务质量规范》中相关内容

安全是旅游住宿业的首要关注点，对于旅游民宿来说，它特殊的产品属性决定它常常建设在山地、林地、湖泊和海岛等地区。从选址角度来看，这些地区在基础设施建设方面相对不足。同时，从建筑角度来看，旅游民宿通常会将民居、村集体公共用房、闲置物业等进行改造后作为民宿经营场所。此外，旅游民宿经常由个体投资者经营，其投资规模较小，建设能力有限，日常维护保养能力也不足。基于上述原因，旅游民宿存在安全隐患，其安全支撑功能和安全稳定性相对较弱。如果这些问题不能得到有效解决，民宿产业的根基将受到严重影响。

在《旅游民宿基本要求与评价》（LB/T 065—2019）、《乡村民宿服务质量规范》（GB/T 39000—2020）等民宿管理标准中均设计了安全、卫生相关板块，引用生活饮用水卫生标准（GB 5749）、建筑内部装修设计防火规范（GB 50222）等相关规范性标准；并明确指出要建立相关安全管理制度和突发事件应急预案，落实安全责任，提升民宿经营者的安全意识，完善安全管理制度，以确保旅游民宿的安全运营。

（二）强调旅游民宿的目的地功能

旅游民宿开发，要注重整合资源、打造产品、吸引客流、促进消费、塑造目的地品牌。因此，国家标准高度重视民宿与区域环境、基础设施、资源要素的紧密连接与组合。

在旅游民宿相关标准中，要关注关于公共环境和配套设施的要求：民宿所处的乡村（社区）应拥有良好的生态环境，民宿应有良好的可进入性，标志牌应合理设置、易于识别;乡村(社区)应提供交通工具停放场所,方便出行;需要有畅通的移动通信网络;民宿与所在乡村(社区)要保持良好的关系,为当地居民提供就业和发展机会,并积极参与地方或社区的公益事业活动。

可见,旅游民宿的建设不仅要关注民宿内部事务,更要关注所在乡村(社区)的整体建设与发展。通过民宿的引领和示范作用,将所在区域打造成要素匹配、设施完善、管理有序、体验多元的微度假休闲目的地。民宿的发展依托于周边的环境,只有多方共同努力,才能促进区域旅游繁荣并推进可持续发展。

(三)赋予民宿个性化发展空间

个性是民宿的生命力,特色则是其品质的核心。国家标准在编制过程中展现了较大的灵活性和弹性特征。在民宿相关标准中,使用了大量诸如"突出当地特色""体现文化特色"的表述,并对不同等级旅游民宿做出差异性规定,在保障民宿产品及服务质量的同时,又为民宿经营者打造民宿留下了足够的创意空间和设计弹性,这有利于推动民宿行业的多样化发展。国家标准的灵活性与弹性特征,为旅游民宿提供了适应市场需求、注重个性特色的发展空间。民宿行业在国家标准的指导下,将更加注重提升个性化服务质量和特色化体验感,为游客创造独特而难忘的旅行体验。

格物致知

让民宿在乡村振兴中绽放异彩

第二节 旅 行 社

一、《旅行社服务通则》

《旅行社服务通则》(GB/T 31385—2015)确立了旅行社在提供旅游服务时的一般原则,对旅行社产品开发、产品销售、服务实现等做出了规定,并提出了旅行社服务应具备的通用管理要求,是旅行社标准体系中的核心标准,被其他标准广泛引用。该标准主要规定如下:

(一)旅游产品

1. 基本分类

按照旅行社提供服务方式的不同,旅游服务产品包括预制旅游产品和定制旅游产品。

2. 新产品开发

旅行社应根据市场和旅游者的不同需求,适时制订新产品开发计划,不断开发满足旅游者需求的创新产品。

新产品投入销售前应组织内部评审,必要时应听取销售人员、旅游者的意见。

（二）产品销售

1. 产品销售的基本原则

旅行社在旅游产品销售时应遵循的基本原则包括：

（1）发布的广告和宣传材料应真实、客观、准确。

（2）依据产品说明书推介旅游产品，不进行超范围的宣传。

（3）双方就旅游服务产品达成一致后，旅行社应按照《旅行社服务通则》中的要求给旅游者办理相关手续。

2. 旅游产品销售方式

旅行社宜采取不同方式向旅游者推介旅游产品，不断创新旅游产品销售方式，包括但不限于门市销售、电话销售、网络销售、同业销售等。

预制旅游产品多采用门市销售方式。旅行社应在合法设立的门市部提供旅游咨询服务并销售旅游产品。

定制旅游产品多采用上门销售的方式。在旅游者的要求下，旅行社可以指定销售人员前往旅游者的住所或经营场所提供销售服务。

倡导旅行社在销售过程中逐步建立批发零售代理体系，通过合法旅行社代理销售旅游产品。旅行社应向零售商提供符合《旅行社服务通则》要求的产品，并提供符合《旅行社服务通则》要求的旅游服务；零售商应提供符合《旅行社服务通则》要求的销售服务。

3. 给旅游者办理相关手续

无论采取何种销售方式，销售完成后，旅行社均应：

（1）与旅游者签署正式旅游合同，并提供产品说明书，作为旅游服务合同的附件。

（2）向旅游者开具发票。

（3）建议旅游者购买旅游意外保险，并有书面提示。

（4）妥善保管旅游者在报名时提交的各项资料，并办理交接手续。

（5）出境旅游、入境旅游根据服务约定，提供必要的出入境手续服务或提示。

（三）旅游服务实现

旅行社旅游服务实现的具体环节包括向旅游者提供服务、服务供方管理、导游与领队管理、突发事件处理等。

1. 向旅游者提供服务

（1）旅游者提供资料的审核。

旅行社应对旅游者提供的资料进行形式上的审核，以保证其符合办理旅游意外保险及在出境旅游服务中办理签证的相关形式要求。

（2）行前告知与安全提示。

旅行社在团队出发前应向旅游者发放行程须知，列明产品说明书中尚未明确的要素。对无全陪的团体或散客,应告知其旅游目的地的具体接洽办法和应急措施。

出境团队出发前应召开出团说明会。

(3)严格履行合同约定。

旅行社应严格履行与旅游者签署的旅游合同,并提供符合约定的旅游服务。

如因客观原因,旅行社需变更合同内容的,应与旅游者基本协商一致并签署书面变更协议或取得旅游者书面确认。

(4)发生争议时的处理。

团队进行过程中,如旅行社与旅游者发生争议,双方应协商解决、妥善处理。如暂时无法达成协议,旅行社应与消费者签署事件备忘录,对争议的产生、双方确定及未确定的事宜进行描述,并约定后续处理时间。避免旅游者因为争议而滞留或拒绝后续服务。

旅行社导游、领队不应以任何借口脱离团队,中断旅游服务,损害旅游者权益。

2. 服务供方管理

(1)选择具备合法资质的接待单位作为服务供方,确保服务供方能够提供约定的服务。旅行社在国内选择的提供服务的车辆应符合《旅游客车设施与服务规范》(GB/T 26359)的要求。

(2)与服务供方签署合作协议,并对服务要素及质量进行明确约定。

(3)保留与服务供方间确认采购服务要素的质量、价格及相关说明的往来书面记录,并留存业务档案。

(4)旅行社应建立服务供方的信誉档案,每年进行服务供方质量评估工作,并与服务供方建立质量沟通机制。对于不符合质量要求的服务供方应及时沟通,要求其改进服务质量,拒不改正的,应及时予以淘汰。

3. 导游与领队管理

导游的基本素质及服务应符合《导游服务规范》(GB/T 15971)的要求。

旅行社应对导游、领队进行培训和考核,引导其切实履行职责、严守纪律,并提高其应急处理能力。

4. 突发事件处理

旅行社应建立健全突发事件应急处理机制,当发生突发事件或紧急情况时可以妥善解决问题。

旅行社对旅游者在旅游过程出现的特殊情况,如事故死亡、行程受阻、财物丢失、被抢被盗、疾病救护等,应积极进行有效处理,维护旅游者的合法权益。

二、《旅行社等级的划分与评定》

《旅行社等级的划分与评定》(GB/T 31380—2015)确立了旅行社等级划分的依据、条件及评定的基本要求。不同等级旅行社的评定要求如下。

（一）A级旅行社

1. 经营条件

（1）固定资产应不少于10万元。

（2）应有固定经营场所，且经营场所自有或租赁期限不少于1年。

（3）在职人员总数应不少于10人。

（4）应加入旅游行业协会。

2. 经营业绩

（1）近两年应不间断开展旅行社业务。

（2）业务台账等资料应保存两年以上。

3. 企业管理

（1）应有专职财务人员。

（2）应与导游人员签订规范的劳动合同并建立合法的劳动关系。

4. 服务能力

（1）可向顾客提供咨询服务。

（2）可提供交通票务代理服务。

（3）可提供两种以上代理服务。

5. 质量和安全保证

（1）应建立顾客意见反馈制度，每年对游客进行服务质量调查。

（2）应有旅游投诉电话并予以公示。

（3）应使用主管部门推荐的旅游示范合同或内容符合国家有关规定的合同。

（4）应建立安全事项报告制度。

（5）应制定旅游突发事件应急预案并开展相关培训演练。

6. 诚信建设与营销推广

广告宣传应符合相关法律法规规定。

（二）AA级旅行社

1. 经营条件

（1）固定资产应不少于20万元。

（2）经营场所自有或租赁期限应不少于3年。

（3）在职人员总数应不少于15人。

（4）宜成为旅游行业协会的理事单位。

2. 经营业绩

（1）近两年年均应收账款占收入总额、年均应付账款占营业成本总额均应不少于25%。

(2)近两年年均组接应不少于5000人天。

(3)近两年年均营业收入应不少于200万元。

(4)近两年年均实缴税金应不少于1万元。

3.企业管理

(1)应有初级职称以上的专职财务人员。

(2)应建立基本健全的管理制度,包括人力资源管理、财务管理、合同管理、质量与安全管理制度,部门及岗位职责分工明确。

(3)除门市部等服务网点外,所有部门宜集中在同一营业场所。

(4)定期组织员工培训,新员工培训时间应不少于8 h,管理人员培训时间应不少于24 h,导游人员培训时间应不少于40 h。

(5)专职人员签约率应达到100%,且企业提供应承担的社会保障。

4.服务能力

(1)可提供10条以上旅游线路产品。

(2)宜有门市部等服务网点。

(3)可接受委托从事代理招徕业务。

(4)应使用示范合同或符合规定的合同,旅游合同中线路、计划、价格明确,且无违反法律法规的内容,旅游合同填写规范,行程和景点、交通、住宿、餐饮、购物等项目具体明确。

5.质量和安全保证

(1)应设有质量监督和投诉处理机构并配备专门人员。

(2)近两年应无较大安全责任事故和质量事件,未受到警告以上处罚。

(3)严格履行旅游合同和接待计划,不应擅自变更服务项目或更改行程安排的投诉,不应有欺骗或胁迫游客购物或另行付费项目的情形。

6.诚信建设与营销推广

(1)宜有专门的营销经费,且每年不少于5万元。

(2)广告宣传应规范,内容真实,没有虚假、误导性用语。

(3)委托代理业务应注明被代理旅行社名称。

(三)AAA级旅行社

1.经营条件

(1)固定资产应不少于100万元。

(2)经营场所面积(含非独立法人机构)应不小于200 m²,自有或租赁期限不少于5年。

(3)经营场所应证照齐全且按规定悬挂展示,宜统一装饰并使用统一形象标识,员工佩戴标牌,举止文明礼貌。

(4)经营场所宜功能齐全且标识明显,桌椅、卫生、饮水等设施设备满足需要,经营场所整洁、明亮,物品放置有序。

(5) 在职人员总数(含非独立法人机构)应不少于100人。

(6) 宜成为旅游行业协会的常务理事单位。

2. 经营业绩

(1) 近两年企业年均营业利润、年人均创利应不低于行业平均水平。

(2) 近两年年均应收账款占收入总额、年均应付账款占营业成本总额均应不少于10%。

(3) 近两年年均组接应不少于10万人天。

(4) 近两年年均营业收入应不少于1000万元。

(5) 近两年年均实缴税金应不少于5万元。

3. 企业管理

(1) 应按照"统一人事、统一财务、统一分配、统一经营服务规范"进行部门管理。

(2) 应建立符合国家规定的完善的财务制度,无财务违规行为,财务报告应通过专业审计机构审核,按时完成经营和财务信息等统计资料报送,专职财务人员中应至少一人具有中级以上专业职称。

(3) 宜制订年度总体发展计划、年度营销计划、年度营业收入计划,制定中长期发展战略。

(4) 应有近两年客户档案并保存完整,宜进行客户定期回访且有回访记录。

(5) 培训记录、宣传资料等内容较丰富、可操作性强,在职员工每年培训时间应不少于48 h。

(6) 专职导游、领队人员占在职人员总数比例宜不低于15%。

(7) 高级管理人员中,有3年以上从事旅行社及旅游企业工作经验的比例宜不低于40%,中层以上管理人员中具有大专以上学历的比例宜不低于75%,或本科以上不低于50%。

(8) 应全面有效地实行合同管理制度,劳动合同与社会保障齐全,劳资档案规范、保存完好,年均人员流失率宜不高于30%。

4. 服务能力

(1) 销售的旅游线路宜不少于20条,近两年年均推出新产品数量宜不少于3条。

(2) 应有5家以上服务网点,宜有分社或者委托招徕经营机构,网络或者营业时间电话咨询应答率宜不低于80%。

(3) 应有市场定位和明确的发展方针,有中长期产品研发规划和年度产品研发计划。

(4) 应有企业标识和产品品牌标识(包括使用其他企业的),宜有一个以上地市级知名商标。

(5) 经营出、入境业务的旅行社,应提供两种以上外语导游和领队服务。

(6) 旅游接待计划应规范、详细,依据明确。

(7) 出境旅游业务档案应保存至少3年,其他旅游业务档案应保存至少2年。

（8）自动化办公设备齐全，管理及业务岗位电脑普及率100%，宜安装使用旅行社团队管理服务系统等信息化的管理和服务系统，应有内部局域网并接入互联网。

5. 质量和安全保证

（1）应建立质量管理制度，每年至少有一次质量评审，有完整的质量档案资料。

（2）应设立专门的投诉电话且24 h接听。

（3）投诉档案完整，投诉处理记录、投诉反馈和分析报告规范，投诉自行解决率应不低于80%，有效投诉率应不高于当年组织和接待人次的十万分之五。

（4）游客满意度应不低于80%。

（5）应建立安全管理制度，制定安全应急预案并进行演练，发生安全事故及时报告并积极配合救援和善后处理。

（6）积极推荐旅游者购买旅游意外保险，且包价旅游者购买率宜不低于30%。

6. 诚信建设与营销推广

（1）每年营销经费宜不少于20万元并开展广告宣传，有彩印海报，在网站、地方报纸杂志上有广告投放，近两年年均市场宣传促销活动宜不少于3次。

（2）宣传品和线路价目表数目宜不少于5种，经营入境旅游的需提供外文宣传资料。

（3）应与供应商、协作方等签订正规合约，履约反应良好，妥善处理违约纠纷。

（4）宜建立合作商和供应商档案管理、评定与筛选机制。

（四）AAAA级旅行社

1. 经营条件

（1）固定资产应不少于500万元。

（2）经营场所面积(含非独立法人机构)应不少于300 m^2。

（3）在职人员总数(含非独立法人机构)应不少于200人。

（4）宜加入全国性旅游行业协会。

2. 经营业绩

（1）近两年年均组接应不少于20万人天。

（2）近两年年均营业收入应不少于1亿元。

（3）近两年年均实缴税金应不少于10万元。

3. 企业管理

（1）应建立标准化的、具体有效的规章制度。

（2）宜有旅游市场发展与需求分析报告。

（3）应建立专门培训制度，安排专项培训经费预算，在职员工每年培训时间应不少于60 h。

（4）专职导游、领队人员占在职人员总数比例宜不低于20%。

（5）高级管理人员中有3年以上从事旅行社及旅游企业工作经验的比例宜不低于

50%，中层以上管理人员中具有大专以上学历的比例宜不低于85%，或本科以上不低于60%。

(6) 专职财务人员中应至少一人具有高级专业职称或两人以上具有中级专业职称。

(7) 近两年年均人员流失率宜不高于25%。

4. 服务能力

(1) 销售的旅游线路宜不少于30条，近两年年均推出新产品线路宜不少于5条。

(2) 应有10家以上服务网点或者代理招徕机构，宜有5家以上分社。

(3) 网络和营业时间电话咨询应答率宜不低于90%。

5. 质量和安全保证

(1) 有效投诉应不高于当年组织和接待人次的十万分之三。

(2) 游客满意度应不低于85%。

(3) 积极推荐旅游者购买旅游意外保险，且包价旅游者购买率宜不低于50%。

6. 诚信建设与营销推广

(1) 应有专门的营销经费，且每年宜不少于50万元。

(2) 近两年每年进行市场宣传促销活动宜不少于5次。

（五）AAAAA级旅行社

1. 经营条件

(1) 固定资产应不少于1000万元。

(2) 经营场所面积(含非独立法人机构)应不少于500 m²。

(3) 在职人员总数(含非独立法人机构)应不少于500人。

2. 经营业绩

(1) 近两年年均组接应不少于50万人天。

(2) 近两年年均实缴税金应不少于50万元。

(3) 近两年年均营业收入应不少于5亿元。

3. 企业管理

(1) 企业经营管理制度应健全、规范并有效贯彻执行。

(2) 在职员工每年培训时间应不少于96 h。

(3) 高级管理人员中有3年以上从事旅行社及旅游企业工作经验的比例宜不低于60%，中层管理人员中具有本科以上学历的比例宜不低于85%。

(4) 专职财务人员中应有两人以上具有高级专业职称或四人以上具有中级专业职称。

(5) 近两年年均人员流失率宜不高于20%。

4.服务能力

(1)应有20家服务网点或者委托招徕经营机构,宜有10家以上分社或5家以上旅游类子公司。

(2)应提供24 h电话或者网络咨询服务,网络和营业时间电话咨询应答率100%。

(3)应有一级域名的企业网站,网站宜每日更新并有预订和支付功能。

5.质量和安全保证

(1)有效投诉应不高于当年组织和接待人次的十万分之一。

(2)游客满意度应不低于90%。

(3)积极推荐旅游者购买旅游意外保险,且包价旅游者购买率宜不低于60%。

6.诚信建设与营销推广

(1)应有专门的营销经费,且每年宜不少于200万元。

(2)近两年每年进行市场宣传促销活动宜不少于10次。

第三节 旅游交通

一、《旅游客车设施与服务规范》

随着我国旅游业的发展,旅游者对于旅游客车设施和服务的要求也在不断提高。为了推动旅游客车生产企业设计、制造出更能满足旅游市场需要的旅游客车,提高旅游客车服务提供者的服务水平,使旅游客车的使用者能够享受到更高质量的产品和更规范的服务,2010年,由全国旅游标准化技术委员会牵头,中国旅游车船协会、北京首汽(集团)股份有限公司、上海锦江汽车服务有限公司、广州广骏旅游汽车企业集团有限公司、广西桂林旅游股份有限公司为主要起草单位,编制了《旅游客车设施与服务规范》(GB/T 26359—2010)。该标准规定了旅游客车的设施配置、服务规范、安全要求与质量评价等,适用于为满足旅游者需要而进行的客车的生产服务活动。标准主要规定内容如下:

(一)基本要求

(1)旅游客车设施设备应符合安全、舒适、环保、人性化、节约能源的要求。

(2)旅游客车设施设备应满足旅游者在旅行过程中各种合理、可能的需要。

(3)旅游客车设施设备应成为方便服务人员为乘客提供各种服务的载体。

(二)技术要求

(1)旅游客车应经过当地车辆管理部门检验合格。

（2）车辆各总成和零部件安装正确、齐全、完好，作用有效，符合GB/T 3798.1的规定。

（3）应保持运营车辆技术状况良好，车辆的维护和检测应符合GB 18344的规定。

（三）车内设施

1. 导游设施

（1）车身总长6 m以上的旅游客车车厢前部应有专门的导游人员座椅、导游人员站立靠背垫和扶手等相应的防摔防滑安全设施。

（2）有导游人员工作台或区域，有专设空间摆放导游人员的工作物品。

（3）有便于导游人员使用的有线或无线音频系统，车厢前后音调均衡。

（4）宜配备视频系统，音视频设备使用灵敏有效，无噪音和杂音。

（5）宜配备旅游目的地多媒体宣传资料供播放使用。

2. 行车设施

（1）车辆进行人体工程学设计，操作人性化。

（2）宜有卫星导航设备和行车记录仪。

（3）宜有车载通信调度设备。

3. 服务设施

（1）根据地域特点安装冷暖空调，设备工作有效，宜有分区调节功能。

（2）宜有餐饮加热、制冷设备。

（3）用于长途旅游运输的车辆宜配置卫生间，卫生间干净整洁，易于维护。

（4）车内行李架应设置闭锁机构，能防止坠物。

（5）座椅牢固舒适，座椅靠背倾斜度和间距可调，符合QC/T 633的要求。

（6）椅背或座椅适当的位置设储物袋和瓶托，方便游客放置小物品。

（7）在车内明显位置固定驾驶员服务监督卡，监督卡标注驾驶员姓名、工号和投诉电话等。

（8）应设有方便残疾人使用的座位，设有专门的把手；有存放轮椅的区域和牢固设施；车门有可供残疾人、残疾车上下车的辅助设施。

（9）车内设呕吐袋和常用急救物品。

（10）应备有废弃物处理箱，宜固定密封。

4. 安全设施

（1）设安全门或紧急出口，且有明显标志。

（2）密闭式车窗有逃生装置和措施。

（3）前排座椅应配备安全带，其他座椅宜配备安全带。

（4）乘客门有防夹伤措施；自动开启的车窗应有防夹伤功能；自动开启的车门能在自动措施失效时通过另外的装置或措施开启车门。

（5）车上应备有必要的对人、对车的紧急救援设备、警示牌和工具等。

(6) 应配备适用的消防器材,并确保有效。

(7) 宜安装防劫防盗装置。

(8) 宜安装车辆超时驾驶自动提醒或停止装置。

5. 车容车貌

(1) 车辆运营标志及有关证件齐全,摆贴位置正确。

(2) 车身整洁、完好且无明显撞击或擦痕;车窗玻璃齐全无破损;漆皮、镀件光亮无损;轮胎无油污、泥土。

(3) 行李箱整洁干净,不放置杂物和易燃易爆危险品。备件箱工具、备胎、备件齐全,摆放整洁有序。

(4) 发动机无油垢;发动机内线路清洁,无损坏现象;水箱、电瓶等无尘土和积液。

(5) 车厢内整洁卫生,无浮土、无杂物、无异味。

(6) 车内照明、窗体遮光等设施配备齐全,整洁美观。

(7) 脚垫、窗帘、头垫、靠垫、座套平整清洁,更换及时。

(8) 门窗启动轻便,关闭严密,锁止可靠,没有异响。

二、《内河旅游船星级的划分与评定》

《内河旅游船星级的划分与评定》(GB/T 15731—2015)规定了我国内河旅游船星级的划分条件、服务质量和运营规范要求,适用于我国内河水域具有 24 h(含 24 h)以上营运能力的各类旅游船。内河旅游船具体指具有 24 h 以上(含 24 h)连续航行营运能力,以休闲、度假、观光、商务、会议方面的游客为主要服务对象,并为其提供食宿、娱乐、购物、上岸游览和导游服务的内河客船。该标准将旅游船分为五个等级,即一星级、二星级、三星级、四星级、五星级。最低为一星级,最高为五星级。星级越高,旅游船的档次、服务等级越高。

以下为不同星级旅游船的部分评定要求:

(一) 一星级旅游船

(1) 外形整洁、大方,布局基本合理,方便游客在旅游船上的正常活动。

(2) 公共区域应提供航线港口分布图、航线旅游景点分布图、旅游船平面示意图。

(3) 根据航行区域气候条件,室内公共区域应有采暖、制冷设备,各区域通风较好。

(4) 设施设备应定期维护保养,安全、有效、整洁和卫生。

(5) 应有广播系统。

(6) 应有定型线路产品和固定航班。

(7) 员工应有基本的礼仪礼貌,着装整洁,可用普通话提供服务。

(8) 停靠港口应提供迎送游客服务。

(9) 应有持证导游对航线中的主要景点提供普通话导游讲解服务。

(10) 可提供上岸短途旅游项目服务。

(11) 应至少 16 h 提供接待、问询、结账服务。

（二）二星级旅游船

（1）外形整洁、大方，布局基本合理，方便游客在旅游船上的日常活动。

（2）公共区域应提供航线港口分布图、航线旅游景点分布图、旅游船平面示意图。

（3）根据航行区域气候条件，室内公共区域应有采暖、制冷设备，各区域通风良好。

（4）设施设备应定期维护保养，安全、有效、整洁和卫生。

（5）应有广播系统。

（6）应有定型线路产品和固定航班。

（7）员工应具备基本礼仪礼貌，着装整洁，服务效率较高。

（8）应以普通话提供服务，主要岗位服务人员能提供简单英语服务。

（9）停靠港口应提供迎送游客服务。

（10）应有持证导游针对航线中的主要景点提供普通话导游讲解服务。

（11）可提供上岸短途旅游项目服务。

（12）应至少18 h提供接待、问询、结账服务，管理人员16 h在岗值班。

（三）三星级旅游船

（1）外形美观、大方，布局较为合理，方便游客在旅游船上的活动。

（2）内部装饰材料较高档，工艺较好。

（3）公共区域应提供航线港口分布图、航线旅游景点分布图、旅游船平面示意图、停靠景点情况介绍和高级管理人员情况介绍。

（4）根据航行区域气候条件，室内公共区域应有采暖、制冷设备，各区域通风良好。

（5）设施设备应定期维护保养，安全、有效、整洁和卫生。

（6）立有公共音响广播系统。

（7）立有定型线路产品和固定航班。

（8）每航次应有固定的活动安排，可提供历史文化、风土人情等方面的专题讲座，有可供游客选择的停靠景点。晚间应有娱乐活动项目。

（9）应定期开展员工培训。

（10）员工应着工装，训练有素，礼仪礼貌规范，服务效率较高。

（11）应以普通话和基本英语提供服务。

（12）应为游客上下船提供迎送服务。

（13）可提供接送行李服务，有行李存放服务。

（14）应有持证导游对航线中的风土人情及主要景点提供普通话导游讲解服务，根据需要提供外语导游讲解服务。

（15）可提供上岸短途旅游项目服务。

（16）应24 h提供接待、问询、结账服务，可提供银行卡结算服务。管理人员16 h在岗值班。

(四)四星级旅游船

(1) 船舶外形美观、大方,有一定的特色。空间布局和功能划分合理,能为游客提供舒适的活动场所。

(2) 内外装修应采用高档材料,符合环保要求,工艺精致,整体氛围协调。

(3) 应有计算机管理系统。主要营业区域均配有终端,有效提供服务。

(4) 公共区域应有专门的信息栏,提供航线港口分布图、航线旅游景点分布图、旅游船平面示意图、停靠景点情况介绍和高级管理人员情况介绍。

(5) 室内公共区域应有中央空调,各区域通风良好。

(6) 设施设备应维护保养良好,安全、有效、整洁和卫生。

(7) 应有公共音响广播系统满足安全应急、游览介绍、氛围营造等需要,背景音乐曲目、音量适宜,音质良好。

(8) 应有多种类型的定型线路产品和固定航班。

(9) 每航次应有固定的活动安排,有可选择的活动项目,可提供历史文化、风土人情等方面的专题讲座,有可供游客选择的停靠景点。晚间娱乐活动节目丰富、形式多样,有员工文艺表演。

(10) 应有系统的员工培训规划和制度。

(11) 员工应着工装,训练有素,礼仪礼貌规范,服务效率较高。

(12) 应以普通话和基本英语提供服务。

(13) 应为游客上下船提供迎送服务。

(14) 应提供接送行李服务,有行李存放服务。

(15) 应有驻船持证导游对航线中的风土人情及主要景点提供普通话和英语的导游讲解服务,根据需要可提供其他外语的导游讲解服务。

(16) 可提供上岸短途旅游项目服务。

(17) 应24 h提供接待、问询、结账服务,应提供离船一次性结账和银行卡结算服务,应提供18 h主要外币兑换服务。可提供代办交通票务和代订饭店住宿等延伸服务。

(18) 接待大堂服务人员24 h在岗,有管理人员18 h在岗值班。

(五)五星级旅游船

(1) 船舶外形美观、特色明显,有灯饰装置。空间布局和功能划分合理,能为游客提供豪华、舒适的活动场所。

(2) 内外装修应采用高档材料,符合环保要求,工艺精致,整体氛围协调。

(3) 应有计算机管理系统。各营业区域均配有终端,有效提供服务。

(4) 公共区域应有专门的电子信息栏,提供航线港口分布图、航线旅游景点分布图、旅游船船舱透视图和平面示意图、停靠景点情况介绍和高级管理人员情况介绍。

(5) 应有中央空调,温度控制在20—25 ℃,各区域通风良好。

(6) 设施设备应维护保养良好,安全、有效、整洁和卫生。

（7）应有公共音响广播系统满足安全应急、游览介绍、氛围营造等需要，背景音乐曲目、音量与所在区域和时间段相适宜，音质良好。

（8）应有多种类型的定型线路产品和固定航班。

（9）每航次应有固定的活动安排，有可选择的活动项目，可提供历史文化、风土人情等方面的专题讲座，可供游客自由选择的停靠景点不少于3处。晚间娱乐活动特色鲜明、内容丰富、形式多样，应有专业的文艺表演或员工文艺表演。

（10）应有系统的员工培训规划和制度，并有培训记录。

（11）员工与游客的比率不低于1∶4。

（12）员工应着工装，工装专业设计、材质良好、做工精致。

（13）员工训练有素，应以普通话和英语提供服务，必要时可用第二种外国语提供服务。

（14）应为游客上下船提供迎送服务，每航次有欢迎和欢送仪式。

（15）应提供接送行李服务，有行李存放服务。

（16）应有驻船持证导游对航线中的历史文化、风土人情及沿线景点全程提供普通话和英语的导游讲解服务，根据需要可提供其他外语的导游讲解服务。

（17）可提供上岸旅游项目服务，并保证与其星级相一致。

（18）应24 h提供接待、问询、结账服务，应提供总账单结账、银行卡结算、主要外币兑换服务。可提供代办交通票务和代订饭店住宿等延伸服务。

（19）大堂服务人员24 h在岗，管理人员24 h值班。

第四节　旅游景区

一、《旅游景区服务指南》

《旅游景区服务指南》（GB/T 26355—2010）了旅游景区服务的基本内容、构成要素和质量要求，适用于接待海内外旅游者的不同类型的旅游景区，包括以自然景观、人文景观和人造景观为主的旅游景区中与游客接触的服务岗位。

（一）停车场服务

（1）负责车辆的疏导、检查和看管，指挥车辆合理停放，保证场内道路畅通。

（2）收费停车场应明示收费标准，并提供相应的服务。

（3）提醒司机关好车辆门窗，勿将贵重物品留在车内。若发现车身有损伤痕迹，应及时向司机说明和确认，并做好登记工作。

（4）做好巡视检查工作，提高防火防盗意识，确保场内车辆和公共设施的安全。

（5）发生车辆碰撞、剐蹭、损坏和丢失等情况，应立即报告有关部门，按相关程序处理。

（二）售检票服务

1. 售票服务

（1）提前到岗，做好售票前的准备工作，如使用手撕票的旅游景区应准备好票据，认真登记票号；如使用磁卡门票的旅游景区应整理好磁卡，保证磁卡平整完好；备妥充足的零钱。

（2）按规定准时售票。

（3）主动介绍所售票务的种类和价格，耐心解答游客的询问。

（4）售票员在售票时应做到细心、准确、迅速、唱收唱付。

2. 检票服务

（1）提前到岗，准备好检票工具或设施，按规定时间准时开始检票。

（2）检票员站在检票位，对于持门票进入的游客，查验其门票的真伪及有效性；对使用电子门禁系统的旅游景区，检票员应指导游客按顺序进入，防止门禁设施夹伤游客。

（3）对于持各类免票单据或有效证件进入的游客，检票员应核对游客的单据和有效证件，核查其是否符合旅游景区的免票政策。

（4）对于老、幼、病、残、孕等需要帮助的特殊游客，宜有专门的通道或服务程序和措施帮助其顺利进入。

（5）对于团队游客，应能提供快速的检票服务，并做好游客人数的清点工作。

（6）对于持无效票的游客，应向其说明原因，并引导其重新办理购票手续。

3. 入口服务

（1）游客中心的服务人员应主动热情解答游客提出的问题，内容真实准确，通俗易懂。

（2）对于配有电子导游器的旅游景区，应保证电子导游器的设备状态良好，按键正常，电源充足。服务人员应向游客耐心讲解电子导游器的使用说明和相关的注意事项。

4. 景区工作人员服务

（1）所有在旅游景区现场的服务人员应牢固树立时刻为游客排忧解难的服务意识，对于需要帮助的游客，应及时主动地施以援手；对于游客的问询，工作人员应耐心回答，表达清晰。

（2）旅游景区现场未在固定岗位的服务人员宜掌握基本的摄影技术，主动给需要留影的游客照相留念。

（3）在客流高峰期应有安全预案，能及时进行客流疏导，合理安排流量和流向。

（4）对于走失的游客，应做好游客的安抚和照顾工作，并积极通过广播或其他通信手段主动帮助联系。

5. 导游讲解

（1）景区导游讲解员应提前到岗，做好相应的迎宾准备工作。

（2）应主动热情接待游客，介绍导游讲解服务项目和收费标准，包括游览线路和时间，也可根据游客群体的类型，合理建议游览线路，做到"因人施讲"。

（3）导游讲解员在讲解开始时，应先做自我介绍，并致欢迎词。

（4）导游讲解员应提升自身的修养，扩大知识面，提高讲解水平与技巧；讲解内容力求科学，尊重历史；应针对不同的游客采取不同的讲解方式，力求语言准确生动，健康活泼。

（5）对于团队游客，讲解应详略得当，突出重点，音量适度；行进过程中，注意前后照应，避免游客掉队走失。

（6）导游讲解员在带队时，遇有障碍路段或存在安全隐患的区域，应及时提醒游客注意安全。

（7）导游讲解员在讲解结束后，应主动与游客道别，致欢送辞。

6. 交通服务

（1）旅游景区提供交通工具（如电瓶车、游船、索道缆车等）服务的人员（如司机、操作人员等）应将游客的安全放在首要位置，严格遵守操作安全规程，缓速行驶。

（2）注意上下交通工具的游客的安全。在使用地面交通工具行驶时，应注意避让游客。

（3）发生交通意外时，应有快速反应的救援服务。

7. 餐饮服务

（1）旅游景区管理方对其管理区域内提供的餐饮服务，应承担服务质量管理或监管的职责。

（2）服务人员每年应定期接受体检，无县级以上医院出具的健康合格证明者不得从事餐饮服务。

（3）服务人员应注意个人卫生，衣着整洁干净。

（4）餐食和饮品的卫生标准应达到各专项的国家标准或行业标准。

（5）餐厅卫生应符合 GB 16153 规定的标准。

（6）服务人员应诚信待客、明码标价、出具服务凭证或正式发票，不欺客、不宰客。

（7）服务人员应及时收拾餐具，清洁桌面，保持餐厅内卫生，方便游客就餐。

8. 购物服务

（1）旅游景区管理方对其管理区域内的购物服务，应承担管理或监管的职责。

（2）所售的商品应符合 GB/T 16868 的规定，商品应确保健康与安全。

（3）严禁销售过期、变质及其他不符合食品卫生规定的食（饮）品。

（4）购物环境秩序井然，商户亮照经营，可主动向客人介绍富有本旅游景区特色的旅游商品，但不应强迫游客购买或尾随兜售。

（5）所售商品均应明码标价，无价格欺诈、以次充好、缺斤少两等不诚信行为。

(6)旅游景区内的大型购物区(店)宜提供电子收款机(POS机)刷卡、自助银行机(ATM)取款等服务。

9. 卫生保洁

(1)应配备专人负责厕所保洁,保证室内整洁、无异味,洁具洁净、无污垢、无堵塞,清洁工具摆放整齐、不外露,应提供厕纸。

(2)卫生保洁员的工作应符合GB/T 18973中的相关规定。

(3)旅游景区游览环境整洁,无污水污物,各种设施设备无污垢、无异味。

(4)垃圾清扫、清运及时,日产日清;运输过程采用遮盖或封闭式清运,不沿途撒落。

10. 咨询服务

(1)宜设置游客中心或游客咨询台,提供景区咨询服务。

(2)景区应有相应的网页,为游客提供景区的地理位置、开放时间、游览内容、门票价格、联系方式等基本信息服务。

(3)应开设咨询电话,并在电话黄页、景区宣传资料上公布咨询电话号码。

(4)根据需要,可在游客较为集中的地方,增设游客咨询处(点),提供相应的信息服务。

二、旅游景区标准规定重点

1. 景区承载量管理

景区承载量是指在一定时间内,景区所能容纳的游客数量。景区承载量管理是为了保护景区自然环境和文化资源,避免过度开发和过大游客流量对景区造成的负面影响。景区标准规定了景区承载量的计算方法和管理要求,以确保景区的可持续发展和游客的良好体验。这包括控制游客流量、设置合理的游览线路、优化游客分流等措施,以保证景区资源的可持续利用和保护。

2. 景区服务质量保障

景区服务质量是保障游客满意度和体验度的关键要素。景区标准规定了景区服务质量的标准和要求,包括景区导游服务、景区设施设备、景区接待服务等方面。这些标准涉及景区员工培训、服务态度,以及设施设备的维护与更新等方面,旨在提高景区服务的专业水平和质量,让游客在景区得到良好的服务体验。

3. 安全管理及应急制度保障

景区安全是保障游客生命安全和财产安全的重要保障措施。景区标准规定了景区安全管理和应急制度的要求,包括防火安全、景区道路交通管理、游览设施安全等方面。这些标准要求景区制定健全的安全管理制度,进行安全隐患排查和整改,提供安全教育和应急演练,确保景区游客在游览过程中的安全。

第五节　旅游演艺

本节内容以《主题公园演艺服务规范》(GB/T 36734—2018)为例进行讲解。

一、基本要求

(1) 演艺活动场地应选址安全,与公园主题相适应,并远离安全隐患。

(2) 演艺活动应规划合理,演艺环节规范有序,并设置演出准备区、表演区、观演区,功能分区明确。

(3) 演艺节目选材应符合国家法律、法规,展现内容应积极乐观,体现主题文化内涵,展示主题公园演艺特色。

(4) 演艺服务组织应综合采用营造演艺环境氛围、利用科技设备等多种手段提供演艺服务,宜增加与游客的互动环节。

(5) 演艺服务组织应配置齐全、正常运行的演艺道具及消防、用电、用水设备设施,并定期进行维护管理。

(6) 主题公园应明示出售演艺服务的开放时间、剧情简介。如有更改或有特殊活动应提前公示,采取现场公示或在公园网站公示的方式告知游客。

(7) 演艺服务场地应按相关标准要求进行清洁,并保持干净卫生。

二、服务组织

(1) 应制定演艺活动经营管理制度、应急预案,成立工作团队,设置相应岗位,并落实责任到人。

(2) 应配置满足需要的演艺设备设施、演艺人员及演出材料,并配置齐全、正常运行的消防安全设施设备。

(3) 应根据演艺活动场所的承载量合理安排游客数量,并根据游客规模做好预案工作。

(4) 应制定安全管理制度,健全安全检查措施,对演艺场所的消防安全进行检查,确保后台无杂物堆放。

(5) 根据演出需要,在表演区与观演区设置隔离,并设置一定的安全距离,提醒游客在规定区域观看节目。

(6) 应定期对演艺服务人员进行职业技能培训。

(7) 遇到恶劣天气时,应摆放安全提示牌,提醒游客注意防滑。

三、演艺服务要求

1. 服务人员

(1) 演职人员应具有表演专业基础或剧组表演经验,认真表演,精心塑造角色人物形象。

（2）服务人员应了解演艺服务的基本内容、主要特色等，具备良好的职业道德和文化修养，尊重不同民族的风俗和文化习惯。

（3）服务人员应熟知各类应急事件处置方案、演出场所安全及卫生管理等要求，并定期进行演练。

（4）票务人员应熟悉主题公园演出情况，具备相应的知识，熟知咨询岗位职责和服务标准，耐心、热情解答游客的询问。

（5）演艺设施、设备的操控人员应参加相应专业的技能培训，考核合格后上岗。

2. 服务设施

（1）演出场地应设置演出告示牌，明确演出名称、演出内容、演出时间及相关注意事项。

（2）演出场地应能遮蔽雨雪，日间演出应有遮阳设施。

（3）演出场地内应设置相应防护设施设备，避免在演出过程中对游客造成伤害。

（4）演出场地应配置与其规模相适应的接待设施，如问讯处、行李寄存处等。

（5）演出场地应按 GB 2894 的规定设置安全标志，消防安全标志按 GB 13495.1 和 GB 15630 的规定设置。

（6）演出场地配置的旅游标志及符号应符合 GB/T 10001.2 的要求，配以中英文两种或以上文字说明，标识牌的外形应与主题公园环境相一致。

（7）演出配置的音响、灯光器材、舞台机械及场地、座位等设备设施应符合安全、消防等方面的国家规定，并保持良好的运行状态。

（8）演出设施及设备应有专人负责管理和保养，并定期检修维护。

（9）为老年人、残疾人、孕妇等特殊人群提供人性化设施，宜配备必要的无障碍设施。

3. 演出服务

（1）演艺节目应根据演出剧本和排练要求，准确、完整地完成演出，确保演出效果。

（2）服务人员应对演艺人员到岗、演艺服装及道具配备等状况进行检查。

（3）演职人员应在表演前完成化妆、着装，并穿戴好演出服饰、道具等，宜在演出前 20 min 完成各项准备工作。

（4）服务人员应对演艺场所的消防设备设施、演艺道具、用电安全等进行检查。

（5）服务人员应主动引导游客入座，在人流集中时，采用分流引导等方式引导疏散游客。

（6）演出过程中，演职人员应按照表演剧本要求认真完成相应动作，保证演出质量。

（7）服务人员应对演出服务过程的演出安排、演出质量、应急处置等相关事项进行全场监管，避免表演者及游客发生意外。若出现伤害事故，应及时救治受伤人员。

（8）演职人员表演危险动作时，应采取相应的安全防护措施，并设置隔离区，避免对演艺人员及游客造成伤害。

（9）演出准备区、表演区应有专人管理，不得让游客及其他人员进入，避免发生伤害。

（10）服务人员应维护好演出现场秩序，避免游客在观赏过程中发生混乱或向演出区投掷杂物。

（11）演出结束后，演员应按照要求，在谢幕后通过规定的通道有序下场。

（12）服务人员应及时疏导游客离场，合理安排流量和流向，保持良好秩序。

（13）服务人员应及时清理演艺场所设施，发现游客遗失物品、设施损坏及存在安全隐患时，应及时上报、登记。

（14）清洁人员应及时清扫观演区和演出区，保持演艺场所的清洁卫生。

四、服务监督与改进

（1）应健全服务质量管理制度，在醒目位置公布投诉电话和设置意见箱，并定期开展顾客满意度调查。

（2）根据开展的顾客满意度调查结果和游客提出的意见，提出改进措施并予以实施，持续改进服务质量，提高顾客满意度。

（3）应认真处理游客投诉，在5个工作日内将投诉处理结果反馈给游客，并保管完整记录和档案。

第六节　旅游教育研学

2016年，教育部等11部门印发了《关于推进中小学生研学旅行的意见》，将研学旅行纳入中小学教育教学计划。自此，"自上而下"的引导力量将研学旅行产业的发展带入了快车道，国家级政策密集出台，地方相关主管部门积极跟进，相关产业扶植政策、规范标准等文件陆续出台，各类市场化运营的基地和营地数量也在快速增长。

一、《研学旅行服务规范》

研学旅行是以中小学生为主体对象，以集体旅行生活为载体，以提升学生素质为教学目的，依托旅游吸引物等社会资源，进行体验式教育和研究性学习的一种教育旅游活动。

行业标准《研学旅行服务规范》（LB/T 054—2016）由国家旅游局（现文化和旅游部）提出，全国旅游标准化技术委员会归口管理。该标准规定了研学旅行服务的总则、服务提供方基本要求、人员配置、研学旅行产品、研学旅行服务项目、安全管理、服务改进和投诉处理。

本标准适用于中华人民共和国境内组织开展研学旅行活动的旅行社和教育机构。标准主要内容如下：

1. 产品分类

研学旅行产品按照资源类型分为知识科普型、自然观赏型、体验考察型、励志拓展型、文化康乐型。

(1) 知识科普型:主要包括各种类型的博物馆、科技馆、主题展览、动物园、植物园、历史文化遗产、工业项目、科研场所等资源。

(2) 自然观赏型:主要包括山川、江、湖、海、草原、沙漠等资源。

(3) 体验考察型:主要包括农庄、实践基地、夏令营营地或团队拓展基地等资源。

(4) 励志拓展型:主要包括红色教育基地、大学校园、国防教育基地、军营等资源。

(5) 文化康乐型:主要包括各类主题公园、演艺影视城等资源。

2. 产品设计

承办方应根据主办方需求,针对不同学段特点和教育目标,设计研学旅行产品。

3. 产品说明书

旅行社应制作并提供研学旅行产品说明书,产品说明书除应符合《中华人民共和国旅游法》和 LB/T 008 中有关规定外,还应包括以下内容:

(1) 研学旅行安全防控措施。

(2) 研学旅行教育服务项目及评价方法。

(3) 未成年人监护办法。

4. 研学旅行服务项目

1) 教育服务

(1)承办方和主办方应围绕学校相关教育目标,共同制订研学旅行教育服务计划,明确教育活动目标和内容,针对不同学龄段学生提出相应学时要求,其中每天体验教育课程项目或活动时间应不少于 45 min。

(2)教育服务流程宜包括:

① 在出行前,指导学生做好准备工作,如阅读相关书籍、查阅相关资料、制订学习计划等。

② 在旅行过程中,组织学生参与教育活动项目,指导学生撰写研学日记或调查报告。

③ 在旅行结束后,组织学生分享心得体会,如组织征文展示、分享交流会等。

(3)研学旅行教育服务应由研学导师主导实施,由导游员和带队教师等共同配合完成。

2) 交通服务

应按照以下要求选择交通方式:

(1) 单次路程在 400 km 以上的,不宜选择汽车,应优先选择铁路、航空等交通方式。

(2) 选择水运交通方式的,水运交通工具应符合 GB/T 16890 的要求,不宜选择木船、划艇、快艇。

(3) 选择汽车客运交通方式的,行驶道路不宜低于省级公路等级,驾驶人连续驾车不得超过2 h,停车休息时间不得少于20 min。

(4) 应提前告知学生及家长相关交通信息,以便他们掌握乘坐交通工具的类型、时间、地点,以及准备有关证件。

(5) 宜提前与相应交通运输部门取得工作联系,组织绿色通道或开辟专门的候乘区域。

(6) 应加强交通服务环节的安全防范,向学生宣讲交通安全知识和紧急疏散要求,组织学生安全有序地乘坐交通工具。

(7) 应在承运全程随机开展安全巡查工作,并在学生上、下交通工具时清点人数,防范学生滞留或走失。

(8) 遭遇恶劣天气时,应认真研判安全风险,及时调整研学旅行行程和交通方式。

3) 住宿服务

(1)应以安全、卫生和舒适为基本要求,提前对住宿营地进行实地考察,主要要求如下:

① 应便于集中管理。

② 应方便承运汽车安全进出、停靠。

③ 应有健全的公共信息导向标识,并符合GB/T 10001的要求。

④ 应有安全逃生通道。

(2)应提前将住宿营地相关信息告知学生和家长,以便做好相关准备工作。

(3)应详细告知学生入住注意事项,宣讲住宿安全知识,带领学生熟悉逃生通道。

(4)应在学生入住后及时进行首次查房,帮助学生熟悉房间设施,解决相关问题。

(5)宜安排男、女学生分区(片)住宿,女生片区管理员应为女性。

(6)应制定住宿安全管理制度,开展巡查、夜查工作。

4) 餐饮服务

(1) 应以食品卫生安全为前提,选择餐饮服务提供方。

(2) 应提前制定就餐座次表,组织学生有序进餐。

(3) 应督促餐饮服务提供方按照有关规定,做好食品留样工作。

(4) 应在学生用餐时做好巡查工作,确保餐饮服务质量。

5) 导游讲解服务

(1) 导游讲解服务应符合GB/T 15971的要求。

(2) 应将安全知识、文明礼仪作为导游讲解服务的重要内容,随时提醒引导学生安全旅游、文明旅游。

(3) 应结合教育服务要求,提供有针对性、互动性、趣味性、启发性和引导性的讲解服务。

6) 医疗及救助服务

(1) 应提前调研和掌握研学营地周边的医疗及救助资源状况。

(2) 若学生生病或受伤,应及时将其送往医院或急救中心治疗,妥善保管就诊医疗记录。返程后,应将就诊医疗记录复印并转交家长或带队教师。

(3) 宜聘请具有职业资格的医护人员随团提供医疗及救助服务。

二、研学旅行标准特点

（一）强调安全第一

研学旅行标准以"安全第一"为原则，强调研学旅行全过程的安全防控工作，确保活动安全进行。

安全问题是限制市场需求充分释放的重要因素之一，是学校、家长和研学旅行服务商的担忧所在，也是各方需要共同解决的重要议题。研学旅行标准在多个方面对安全管理提出了具体的要求，制定安全管理制度和流程，明确责任分工，建立健全安全检查和风险评估机制，以及制定应急预案和应对措施等，旨在确保研学旅行活动中的各个环节都得到妥善管理和控制，从而最大程度地减少安全风险。

此外，研学旅行标准还强调安全设施和装备的配备，要求研学旅行服务商提供符合安全标准的交通工具、住宿设施和活动场所，确保其安全性和可靠性。力争建立多主体共建和跨层级共治的安全保障机制，为研学旅行筑起坚固的安全防线。

（二）实现教育的目标

在研学旅行中，教育是一个核心的考量因素。研学旅行通过实地考察、体验活动和互动学习等形式，促进学生综合素养的发展和知识的积累。因此，研学旅游标准强调教育目标的实现，要求承办方和主办方与学校密切合作，了解学校的教育需求和目标，围绕学校相关教育目标，共同制订研学旅行教育服务计划，明确教育活动目标和内容，为学生提供符合教育要求的研学旅行活动。

本章小结

本章介绍了旅游住宿、旅行社、旅游交通、旅游景区等旅游行业或业态的核心标准及其主要内容，重点比较了不同星级的旅游饭店、不同等级的旅行社等评定要求的差异，并梳理了不同行业或业态旅游标准化管理工作的重点内容。

本章训练

一、简答题

1. 简述三星级旅游饭店与五星级旅游饭店之间的主要差异。
2. 简述旅游民宿标准化工作的特点。

二、项目实训

请思考一下，各类型的精品酒店、特色酒店、主题酒店应该如何与星级评定的标准契合？

实践案例

旅游市场迎"最火暑期档"：研学游中，探索更大的世界

在线答题

第五章

第六章
旅游标准化新发展

本章概要

随着科技进步和消费升级,旅游业中涌现出了许多新型业务形态和商业模式。为进一步规范旅游新业态的管理,有关单位及时出台了一些旅游新业态的标准规定与管理工作办法。本章主要介绍了智慧旅游、露营地旅游、海洋旅游、康养旅游四种旅游新业态的相关标准条目及其主要内容,以及全域旅游示范区、文旅消费示范区、国家旅游科技示范园区等的旅游管理工作标准或管理办法。

学习目标

知识目标

(1)熟悉旅游新业态的相关标准。
(2)熟悉旅游管理的相关工作标准。

能力目标

(1)提升旅游标准化实践应用能力。
(2)提升旅游标准化创新能力。

素养目标

(1)正确认识旅游新业态发展的利与弊,培养辩证思维及综合思考能力。
(2)强化法治意识和规范意识,以标准化为基础,建立规范的旅游经营管理体系,树立标准的规范意识。

知识导图

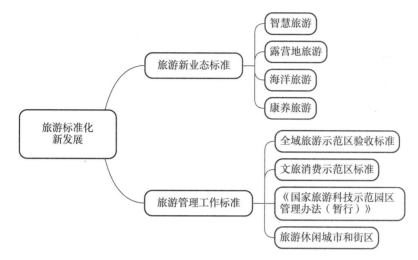

章节要点

智慧旅游、海洋旅游、康养旅游等的定义,旅游管理工作标准的主要框架等。

第一节　旅游新业态标准

在旅游业态的快速发展和创新中,新兴的旅游业务模式和产品也呈现出多样化和复杂化的特点。在线旅游平台、共享经济模式、旅游定制化服务等旅游新业态,为旅游业带来了巨大的机遇和挑战。然而,新业态的发展也伴随着一些问题,如服务质量不稳定、消费者权益保障不够等,这就要求行业监管能力与监管水平及时跟进。为此,有关部门积极结合旅游业发展现状,制定并发布了一系列新的标准。

一、智慧旅游

受智慧城市的理念及其在我国建设与发展的启发,"智慧旅游"应运而生。智慧旅游是指基于新一代信息技术(也称信息与通信技术,ICT),为满足游客个性化需求,提供高品质、高满意度的服务,从而实现旅游资源及社会资源的共享与有效利用的系统化、集约化的管理变革①。智慧旅游是包括信息与通信技术在内的智能技术在旅游业中的应用,是以提升旅游服务、改善旅游体验、创新旅游管理、优化旅游资源利用为目标,增强旅游企业竞争力、提高旅游行业管理水平、扩大行业规模的现代化工程。

章首案例

旅游企业"抢滩"房车,飞猪推出房车游九项标准

---

①张凌云,黎巎,刘敏.智慧旅游的基本概念与理论体系[J].旅游学刊,2012(5).

近年来，党中央、国务院高度重视智慧旅游工作，陆续出台系列政策措施推动其发展。国家旅游局将2014年确定为"智慧旅游年"。同年8月，国务院印发《关于促进旅游业改革发展的若干意见》，明确提出加强旅游基础设施建设，制定旅游信息化标准，加快智慧景区、智慧旅游企业建设等内容。2015年，国家旅游局印发《关于促进智慧旅游发展的指导意见》，提出有序推进智慧旅游持续健康发展。2020年，文化和旅游部、国家发展改革委等部门印发《关于深化"互联网＋旅游"推动旅游业高质量发展的意见》，提出到2025年，"互联网＋旅游"融合更加深化，以互联网为代表的信息技术成为旅游业发展的重要动力。2022年9月，文化和旅游部资源开发司、国家发展改革委社会发展司共同印发《智慧旅游场景应用指南（试行）》，提出十个智慧旅游典型场景，包括智慧信息发布、智慧预约预订、智慧交通调度、智慧旅游停车、智慧游客分流、智慧导览讲解、沉浸式体验、智慧酒店入住、智慧旅游营销以及智慧安全监管。2023年4月，工业和信息化部、文化和旅游部共同发布《关于加强5G＋智慧旅游协同创新发展的通知》，提出要推动5G在旅游业的创新应用，建立5G＋智慧旅游典型应用场景体系、研制形成5G＋智慧旅游相关行业标准，初步形成智慧旅游产业生态环境。

为保障智慧旅游有序发展，各地也相继形成了一些智慧旅游相关的标准化文件。

（一）相关标准条目

据统计，截至2023年初我国共发布智慧旅游相关标准34条，以团体标准及地方标准为主，具体标准信息见表6-1。

表6-1 截至2023年初我国智慧旅游相关标准

标准名称	标准状态	标准号	标准类别
智慧旅游建设与服务规范 第1部分：导则	现行	DB 61/T 1201.1—2018	陕西省地方标准
智慧旅游建设与服务规范 第2部分：旅游产业运行监测与应急指挥中心	现行	DB 61/T 1201.2—2018	陕西省地方标准
智慧旅游建设与服务规范 第3部分：智慧旅游景区	现行	DB 61/T 1201.3—2018	陕西省地方标准
智慧旅游建设与服务规范 第4部分：智慧乡村旅游目的地	现行	DB 61/T 1201.4—2018	陕西省地方标准
智慧旅游建设与服务规范 第5部分：智慧旅行社	现行	DB 61/T 1201.5—2018	陕西省地方标准
智慧旅游建设与服务规范 第6部分：智慧旅游饭店	现行	DB 61/T 1201.6—2018	陕西省地方标准
智慧旅游建设与服务规范 第7部分：智慧自驾车旅居车营地	现行	DB 61/T 1201.7—2018	陕西省地方标准
智慧景区等级划分	现行	DB 6101/T 3116—2021	西安市地方标准
智慧旅游饭店建设指南	现行	DB 51/T 2916—2022	四川省地方标准

续表

标准名称	标准状态	标准号	标准类别
智慧旅游景区建设规范	现行	DB 51/T 2849—2021	四川省地方标准
县域智慧旅游城市建设指南	现行	DB 51/T 2917—2022	四川省地方标准
智慧景区建设规范	现行	DB 4602/T 16—2022	三亚市地方标准
乡村旅游目的地智慧旅游服务指南	现行	DB 45/T 2273—2021	广西壮族自治区地方标准
智慧旅游酒店建设规范	现行	DB 43/T 2285—2022	湖南省地方标准
智慧景区建设评价规范	现行	DB 41/T 1859—2022	河南省地方标准
智慧景区建设指南	现行	DB 36/T 1234—2020	江西省地方标准
智慧旅游评价要求	现行	DB 34/T 3391—2019	安徽省地方标准
智慧景区建设指南	现行	DB 34/T 3390—2019	安徽省地方标准
旅游企业智慧旅游建设与应用规范	现行	DB 32/T 2727—2015	江苏省地方标准
智慧景区建设指南	现行	DB 32/T 3585—2019	江苏省地方标准
旅游景区智慧管理服务指南	现行	DB 23/T 3378—2022	黑龙江省地方标准
智慧旅游景区建设规范	现行	DB 21/T 3506—2021	辽宁省地方标准
智慧景区旅游服务规范	现行	DB 14/T 2520—2022	山西省地方标准
智慧景区建设指南	现行	DB 14/T 2512—2022	山西省地方标准
智慧旅游设施服务规范	现行	DB 13/T 2632—2017	河北省地方标准
智慧旅游景区基础设施建设指南	现行	DB 13/T 5276—2020	河北省地方标准
智慧旅游城市基本设施要求	现行	DB 13/T 2631—2017	河北省地方标准
智慧景区建设规范	现行	DB 13/T 5036—2019	河北省地方标准
智慧城市智慧旅游规划导则	现行	T/SCSS 036—2017	团体标准
智慧旅游规划导则	现行	T/HZBX 001—2016	团体标准
智慧旅游票务管理系统通用技术要求	作废①	T/CASME 229—2022	团体标准
智慧景区建设规范	现行	T/ZZLY 1—2020	团体标准
智慧景区建设评价规范	现行	T/CASMES 35—2022	团体标准

① 现行团体标准为2023年11月发布的《智慧旅游票务管理系统通用技术要求》(T/CASME 229—2023)。

（二）标准主要内容

1. 智慧景区设施要求

（1）网络支撑。

景区应通过自建或租赁方式组建有线局域网、无线网络、物联网等平台，能够为游客提供网络服务，并满足景区日常生产运营与应急等数据的无线网络传输要求，信号稳定可靠。

（2）数据中心。

景区应采用自建或租赁云服务方式建设数据中心标准，具备数据采集、数据存储、数据共享交换、数据保护、数据分析等功能，遵循相关旅游数据编目编码与交换共享标准，实现与旅游主管部门、涉旅行业的数据对接。

（3）大数据应用。

景区应建立旅游大数据应用平台，具备客流预测、营销推荐、游客画像、决策支持等功能。

（4）视频监控。

景区应对主要景点、主要游线、游客聚集地、危险区域等区域进行重点监控，具备红外监控及图像录入、回放、处理等功能。可支持人脸识别、轨迹抓取、游客统计、越界报警、行为分析等视频结构化应用。

（5）智能停车。

景区停车场应提供停车位的采集、管理、查询与导航服务，支持车位预约预订、车牌识别、停车引导、智能寻车、无感支付等应用。

（6）客流管理。

景区应对景区预约量、入园流量、瞬时流量，以及重点区域、观光车、索道、渡船等的客流量进行实时监测，具备客流预测、态势推演、超限报警、渠道管控、流量管控、游客分流等功能。

（7）交通管理。

在外部交通管理方面，景区应对景区周边出入路段、停车场等区域车流量进行实时监测，具备交通引导信息、泊位信息、分流信息发布功能。并可通过对接公安、交通部门的道路卡口和路况信息，扩大车流监测范围。

在内部交通管理方面，景区应对观光车、索道、游船等内部交通工具进行智能化管控和调度，具备综合信息查询、停车管理、流量预警、运行监测、动态调度、可视化管理等功能。

（8）产业监测。

景区应对景区内外交通、游览、住宿、购物、娱乐、餐饮等方面的数据进行实时监测，具备数据分析、数据报告、决策建议等功能。

2. 智慧景区服务规范

（1）信息服务。

信息服务应基于互联网的旅游信息发布渠道，融合门户网站、微信、微博、移动

App、手机短信等形式。利用5G、物联网等新技术,提供网上平台服务,及时更新、定期维护。应提供基本信息浏览和查询、在线旅游咨询、导航、导游、导购、票务、食宿、购物娱乐、景区推介、评价和投诉等其他信息服务。

(2)票务服务。

电子门票应多样化,包括但不限于纸质(印有条形码、二维码)、身份证、手机、人脸识别、磁卡、IC卡等形式,并提供"线上线下"多渠道购票服务。电子门禁应能够自动识别门票,支持二维码、人脸、指纹、身份证等介质验票类型并能区分全价票、优惠票等。

(3)导览服务。

① 为自驾游客提供实时路况信息播报和查询、智能停车、自主缴费、反向寻车等服务。

② 通过智能手机、自助导览移动终端或固定导览终端等设备,为游客提供附近区域的公共服务设施、消费引导信息。

③ 提供语音讲解器、移动App、微信二维码等形式的导游讲解服务,必要时提供其他语种服务。

④ 提供基于电子地图的路线查询、路线规划、路线选择、路线推荐等服务。

(4)旅游监测。

应在关键区域布设红外、云台监控,高空瞭望,Wi-Fi探针,实现客流数据采集和危险监测。应实现入口/出口人流计数管理,实时统计游客数量,实现对游客集中地区的监控,及时预警防止流量超限。旅游监测可以根据监测的游客出行人数,实行高峰期限流政策。

(5)评价及处理。

通过门户网站、微信、移动App、投诉热线等投诉方式,为游客提供服务,包括游客满意度在线评价、游客咨询及投诉、受理状态跟踪和处理结果查询等。根据网络平台、App等所累计的评价、舆情信息,共享平台分维度的好评、差评等信息,及时处理舆情事件。

二、露营地旅游

露营被认为是亲近自然的最好方式①。近年来,随着中国自驾车休闲旅游、家庭自助旅游、背包徒步旅游等旅游方式的兴起,露营作为一种新型户外旅游方式也逐渐进入大众视野。尤其是2020年之后,居民对于行程短、安全性高的就近出游与户外休闲需求增加,"户外运动与健康"成为催生民众出游的重要动机,露营地旅游凭借其短途化、聚集性低、私密兼顾社交、消费便捷、体验性强等优点强势迅速占据旅游市场,成为新的旅游消费增长点,并带动户外帐篷、户外电源、户外家具产品、预制菜等相关产业的发展。小红书统计报告显示,2020年"五一"假期小红书上"露营"相关搜索量同比增长290%,2021年"五一"假期小红书上"露营"相关搜索量同比增长230%,2022年"五

---

① Murphy P E.Tourism in British Columbia Metropolitan and Camping Visitors[J].Annals of Tourism Research,1979(3).

一"假期小红书上"露营"相关搜索量同比增长746%，露营热度在2022年大幅增长，呈现加速暴发的态势①。艾媒咨询发布的《2022—2023年中国露营行业研究及标杆企业分析报告》显示，2022年中国露营经济核心市场规模达到1134.7亿元，同比增长51.8%；带动市场规模达5816.1亿元，同比增长率为52.6%②。2021年12月，国务院印发的《"十四五"旅游业发展规划》中提出"推进自驾车旅居车旅游，实施自驾游推进计划，形成网络化的营地服务体系和比较完整的自驾车旅居车旅游产业链，推出一批自驾车旅居车营地和旅游驿站"。2022年11月，文化和旅游部等多部门印发了《关于推动露营旅游休闲健康有序发展的指导意见》，将露营旅游休闲定义为"在户外使用自备或租赁设备以休闲游憩、运动娱乐、自然教育等为主要目的，在有明确范围和相应设施的营地场所驻留的活动"，在指导思想上，"以深化供给侧结构性改革为主线，顺应人民群众旅游休闲消费体验新需求"，并指明重点任务，如"推动全产业链发展。做大做强露营旅游休闲上下游产业链，提升全产业链整体效益。引导露营地规模化、连锁化经营，孵化优质营地品牌，培育龙头企业"等。

而相对于国外较为成熟的露营地标准化运作模式，我国的露营地标准化进程仍处于起步阶段，我国露营地建设在数量和质量上还有巨大潜力。据统计，截至2022年初，全国已建和在建的汽车营地接近2000家，而根据《自驾车旅居车营地质量等级划分》(LB/T 078)及认定细则，在三批全国自驾车旅居车营地质量等级评定中，累计仅57家单位通过全国自驾车旅居车5C、4C级营地认证。

（一）相关标准条目

露营地标准多是关于露营地的设施、服务和管理等方面的标准化规范，旨在提供安全、舒适、环保和高品质的露营体验，保障露营者的权益。露营地相关标准见表6-2。

表6-2 露营地相关标准

标准名称	标准状态	标准号	标准类别
休闲露营地建设与服务规范 第1部分：导则	现行	GB/T 31710.1—2015	国家标准
休闲露营地建设与服务规范 第2部分：自驾车露营地	现行	GB/T 31710.2—2015	国家标准
休闲露营地建设与服务规范 第3部分：帐篷露营地	现行	GB/T 31710.3—2015	国家标准
休闲露营地建设与服务规范 第4部分：青少年营地	现行	GB/T 31710.4—2015	国家标准
休闲露营地建设与服务规范 第5部分：露营公园	现行	GB/T 31710.5—2022	国家标准
生态露营地建设与管理规范	现行	LY/T 2791—2017	行业标准

---

① 《小红书：五一露营搜索量同比增长746%，露营热加速暴发》，载《新京报》，2022年5月5日。
② 《2022—2023年中国露营行业研究及标杆企业分析报告》，艾媒咨询。

续表

标准名称	标准状态	标准号	标准类别
经营性帐篷露营地建设与服务规范	现行	DB 31/T 1069—2017	上海市地方标准
自驾车露营地质量等级划分	现行	DB 50/T 896—2018	重庆市地方标准
汽车旅游露营地建设与服务规范	现行	DB 14/T 1106—2017	山西省地方标准
旅游露营地等级的划分与评定	现行	DB 21/T 2294—2014	辽宁省地方标准
三亚市自驾车旅游露营地建设与服务规范	现行	DB 46/T 250—2013	海南省地方标准
山地旅游 第8部分:汽车露营地设施与服务规范	现行	DB 52/T 1401.8—2019	贵州省地方标准
山地旅游 第34部分:露营地基地设施与服务规范	现行	DB 52/T 1401.34—2021	贵州省地方标准
汽车露营地设计指南	现行	DB 62/T 2996—2019	甘肃省地方标准
森林公园露营地建设与服务规范 第1部分:导则	现行	DB 65/T 4252.1—2019	新疆维吾尔自治区地方标准
森林公园露营地建设与服务规范 第2部分:汽车露营地	现行	DB 65/T 4252.2—2019	新疆维吾尔自治区地方标准
森林公园露营地建设与服务规范 第3部分:户外扎营露营地	现行	DB 65/T 4252.3—2019	新疆维吾尔自治区地方标准
帐篷露营地运营管理规范	现行	T/ZGTX 13—2022	团体标准
福建省花艺游休闲区户外露营地建设与服务规范	现行	T/FJYHXH 005—2022	团体标准

（二）标准主要内容

1. 帐篷露营地

（1）选址与布局。

应选择在生态良好、风景优美、视野开阔、水源有保障的地域。应避开滑坡、洪水、巨浪、高压线、雷电多发区等易发生自然灾害的地段，以及有有害动植物或生态脆弱的区域。应远离有污染物排放的工厂、矿山、风电场等。周围30 km或1 h车程范围内应有能为露营者提供紧急救助的设施或条件。步入式和徒步式营地周围10 km范围内应有公路(岛屿型营地除外)。所在场地的地形相对平整，坡度不宜大于15°。

应在场地环境的生态承载范围之内确定营地规模和接待容量。整体布局应因地制宜，充分保护和利用天然地形及自然资源。营地内的功能分区应清晰，交通组织流畅。营地风格与周边环境协调，可体现相应的文化主题。营地范围内的绿地率应达到

50%以上(沙漠露营地除外)。机动车辆应在营地外或指定停车场停泊,禁止驶入露营区。

(2)功能区设置。

帐篷露营地应至少包括服务中心、露营区、公共卫浴间、公共厕所、废弃物收纳站等基本功能区和设施。根据露营休闲活动需要,可设置户外运动区、餐饮商业区、木屋露营区、儿童游乐区等特色功能区。根据营地类型,可设置停车场、停机坪、码头等功能设施。

(3)露营区。

露营区应选在营地内开阔、有树荫、无有害生物的区域。露营区内树木枝下净空应不低于2.2 m。露营区的营位数量宜不少于30个。营位与服务中心的距离不宜超过5 min步行路程,宜有电瓶车或小推车提供接驳服务。营位的地面应高于周围地面15 cm。每个营位的占地面积宜不小于20 m^2。营位地面应干燥、坚实,宜为草坪,应选择生态硬化或架空的木质、石质平台,具有较好的排水效果。营位内任意两点相对高差应不大于60 mm。营位之间的距离宜不小于2 m。在草地和沙漠等地域,营位打地钉的间隔应不小于2 m。根据需要可设置水槽、电源插座及烧烤器具。

(4)公共卫浴间。

根据露营区的营位数量和露营者数量配备公共卫浴间。应保证每人每天至少30 L水的用水量。男女浴室应分开设置。浴位宜按照男每15人一个和女每10人一个的比例配置。卫浴间地面应做防滑处理。宜采用太阳能等清洁能源供热。提供热水时间宜不少于4 h/d。

(5)电力与照明。

有条件的营地应配备电力和照明系统。应多使用风能、太阳能、水能等清洁能源供电。电力线路应埋地敷设。应配备应急照明设施或工具。出入口、服务中心、卫浴间、厕所应有醒目的室外照明,引导性强。露营区的照明应使用柔和灯光。

(6)特色功能区。

可设置户外运动区,提供与游泳、垂钓、拓展训练、骑自行车等相关的活动场地和服务。可设置餐饮商业区,提供与简餐、物品采购、棋牌等相关的休闲场所和服务。可设置木屋等其他类型的宿营设施,数量不宜超过帐篷营位数量的1/2。可设置儿童游乐区,游乐器材和设施安全、可靠,符合GB 8408的相关要求。可设置露天活动场,开展聚会、篝火晚会、电影放映活动等聚集型休闲活动。

(7)废弃物收纳站。

服务中心和露营区应设置分类垃圾箱,位置适宜,外形美观。露营区,宜按照每4个临近营位设1个垃圾箱的比例对整个露营区进行设置。应在距离露营区、服务区等功能区50 m之外、营地的下风处,设置集中的废弃物收纳站。收纳站场地清洁、无异味。应设置污水排放系统或污水收纳装置,污水排放符合GB 8978的要求。污水、废弃物应及时外运,进行无公害化处理。应引导露营者将自己产生的垃圾带走处理。

2. 汽车露营地

(1) 营地选址。

选择路况良好的道路进出营地,并与所在地的交通干道相连接;城市或城镇到营地宜为3 h以内的车程,不应超过4 h;营地周围应风景优美,环境良好,远离易发生自然灾害的地域;距营地50 km范围内宜有加油站;露营地周边1 h车程范围内应有必要的救助设施或具备救助条件。

(2) 功能区设计。

营地的基础功能区包括出入口、服务中心、停车场、自驾车露营区、房车宿营区、服务保障区、废弃物收纳与处理区。可根据具体的功能定位设置木屋住宿区、帐篷露营区、儿童游乐区、户外运动区、露天活动区、商务活动区、宠物活动区等特色功能区。

(3) 停车场设置。

露营地应在服务中心附近设置停车场,停车场规划需结合正常时段接待容量和休闲活动规模,科学设置车位结构和数量。宜有车辆清洗设施和故障维修点。

(4) 自驾露营区。

自驾车营位由停车位和帐篷位组成,营位数量宜不少于20个,每个自驾车营位的占地面积宜不小于50 m²。车辆停泊后两车间距应不小于2 m,有绿化带或美观的栅栏隔离。营区应配备电源、照明、给排水和垃圾收集设施,应配备公共使用的开水房、洗漱池、淋浴间和小型活动场。营区宜配备遮阳遮雨伞、自助烹饪炉、烧烤设施、户外餐桌椅等设备器材。

(5) 房车露营区。

房车露营区由自行式房车营位和拖挂式房车营位组成,营位数量宜不少于20个;自行式房车营位和拖挂式房车营位宜分区设置,每个房车营位由停泊位和附属休闲区组成,占地面积宜不小于80 m²。房车停泊后的两车间距不小于3 m,有绿化带或美观的栅栏隔离。营区应铺设给排水管网,以及综合管线,并合理设置与房车相应设备的接口。营位内宜配备遮阳遮雨伞、自助烹饪炉、烧烤设施、户外餐桌椅、垃圾收纳箱等设备器材及安放处;应在合理位置配备盥洗间、淋浴间、厕所等。

(6) 环保措施。

营地内垃圾收纳箱数量适宜,分布合理,造型美观,结实耐用,防雨、防腐、阻燃,实施分类收集;对废弃电池、污油等危险废弃物应专门回收。营地应设置废弃物收纳站与污水处理站,收纳设施设备齐全,场地清洁、无异味。污水、废弃物应及时外运,进行无公害化处理。

三、海洋旅游

我国有约1.8万千米大陆海岸线,有沙滩、泥滩以及珊瑚礁和红树林等多种类型的海岸,具有悠久的人文历史与厚重的海洋文化,这些共同构筑了我国海洋旅游发展的坚实基础。《海洋及相关产业分类》(GB/T 20794—2021)中将"海洋旅游业"定义为"以亲海为目的,开展的观光游览、休闲娱乐、度假住宿和体育运动等活动"。在海洋产业

实践案例

露营市场发展还需标准规范

快速发展的背景下,滨海旅游业占主要海洋产业增加值的比重由1996年的14.70%上升至2019年的50.63%[①]。

近年来,滨海度假、海岛观光、海上休闲等活动受到广大游客的青睐,为海洋旅游发展创造了机遇,国家也高度重视海洋资源开发与产业发展。2011年,《中华人民共和国国民经济和社会发展第十二个五年规划纲要》指出:优化海洋产业结构,积极发展滨海旅游产业。2012年,《国务院关于印发全国海洋经济发展"十二五"规划的通知》将"海洋旅游业"单独作为一节;同年11月,党的十八大作出"建设海洋强国"的重要战略决策部署。2013年国家旅游局以"中国海洋旅游年"为主题宣传推广"美丽中国"整体形象,海洋旅游发展跃升至新高度。2013年12月,国家海洋局和国家旅游局签署《关于推进海洋旅游发展的合作框架协议》,共同致力于把发展海洋旅游作为建设海洋生态文明、实现兴海富民以及推动海洋经济持续、健康发展的增长点。此外,国家相继提出"21世纪海上丝绸之路"合作倡议、"海洋生态文明建设"、"海洋命运共同体"发展理念、"陆海统筹"发展战略,并将沿海重点区域的地方战略上升至国家层面并重点发展。在此期间,亚热带、热带海洋旅游度假地建设如火如荼,海岛旅游发展初具规模。中国海洋旅游发展已形成集观光游览、休闲娱乐、海上运动、科普教育等功能于一体的新局面,发展海洋旅游成为国家海洋强国战略和区域协调发展的重要组成部分。

(一)相关标准条目

为规范海洋旅游发展,国家相继出台了《滨海旅游度假区海洋环境预报技术导则》《海水浴场海洋环境预报技术导则》等文件,旨在确保海洋旅游活动的安全性、可持续性和高质量,保护海洋生态环境,提供优质的旅游体验。部分地方主管部门也结合当地海洋旅游资源特点及发展现状制定了地方海洋旅游相关标准规范。海洋旅游相关标准如表6-3所示。

表6-3　海洋旅游相关标准

标准名称	标准状态	标准号	标准类别
海岛及滨海型城市旅游设施基本要求	现行	GB/T 33538—2017	国家标准
海水浴场服务规范	现行	GB/T 34420—2017	国家标准
气候资源评价 滨海旅游度假	现行	QX/T 596—2021	行业标准
滨海旅游度假区环境评价指南	现行	HY/T 127—2010	行业标准
海南省海水浴场管理与服务规范	现行	DB 46/T 150—2009	海南省地方标准
海洋旅游气象信息发布与传播规范	现行	DB 3309/T 48—2018	舟山市地方标准
海水浴场信息服务规范	现行	DB 1303/T 315—2021	秦皇岛市地方标准
海洋生态养殖观光旅游服务规范	现行	T/BZJL 0005—2017	团体标准

---

① 数据来源于中华人民共和国自然资源部《中国海洋经济统计公报》(1996—2019年)。

(二)标准主要内容

1. 海水浴场

(1)设施设备要求。

海水浴场应具备接待游客的基本设施设备,设施布局合理,包括并不限于游泳区域、淡水淋浴房、公共厕所、休息椅、太阳伞等,服务设施应定期检查,确保在完好情况下的正常运行;配备必要的pH、透明度等方面的水质检测设施设备,开展定期检查。

浴场的四周应设明显的安全防护网以及醒目的安全警示标志,设立救护站(点),配备相应的救生船只(救生艇)和救生人员;设立保障浴场安全服务的瞭望塔,瞭望塔设立的间距根据浴场的大小确定,瞭望塔的高度适中,应使整个浴场落入救生员的视野范围内;宜建立完善的智能监控系统,监控浴场及浴场周围的安全情况。

(2)浴场管理要求。

应有功能划分,不同区域应有明显的隔离标志,用浮球或围油栏划分可游泳的区域,界限清晰,应有不易造成运动互相伤害的措施或缓冲区。及时通报海水质量,当海水的pH、透明度等不符合要求时,不得开放游泳区域。管理部门应及时公布海上休闲、游泳等活动的相应指数。管理部门在接到海事、气象、海洋、卫生等相关部门有关灾害性天气预报、海况预警、污染等事件时,应及时疏散游客,暂停服务,关闭浴场。

2. 滨海旅游

2022年11月,全国旅游标准化技术委员会发布行业标准《滨海旅游度假地设施配置要求》(征求意见稿),公开征求意见。该标准明确了滨海旅游度假地设施配置的总体要求:

设施布局应符合国土空间、生态保护、海岸利用等相关规划要求;应配置至少一处旅游度假区或相对独立的度假空间单元;拥有旅游景区、休闲街区、旅游乡村、文化休闲、体育运动、疗养康体、商业服务等度假旅游配套功能和产品;应合理配置旅游信息咨询、游览导引、解说标识、休憩、旅游厕所等旅游服务功能及其设施;坚持经济性原则,注重区域协同发展,盘活滨海旅游度假地城乡存量资源,发挥各类建成设施在滨海旅游度假地设施配置中的基础性作用;坚持特色性原则,因地制宜,突出自然与文化景观特色,加强文化与旅游融合发展。

同时,该标准还从住宿接待设施、休闲活动设施、商业服务设施、游览交通设施、环境景观设施、综合安全设施等方面对滨海旅游度假地设施配置做了详细规范。

四、康养旅游

康养旅游是现代旅游业发展过程中产生的新型旅游方式。受工业化和城镇化进程加快、环境恶化、经济发展水平提升、社会老龄化结构凸显、人均可支配收入增加等因素影响,大众健康意识和健康需求持续提升,定期体检、康养休闲、健康饮食等逐步进入大众视野。2016年1月,国家旅游局正式发布了《国家康养旅游示范基地》(LB/T 051—2016),并确定了首批"国家康养旅游示范基地"。该标准把康养旅游定义为"通过养颜健体、营养膳食、修身养性、关爱环境等各种手段,使人在身体、心智和精神上都达到自然和谐的优良状态的各种旅游活动的总和"。2021年6月,文化和旅游部发布的《"十四五"文化和旅游发展规划》中明确提出:"发展康养旅游,推动国家康养旅游示范基地建设。"2021年12月,国务院印发的《"十四五"国家老龄事业发展和养老服务体系规划》中明确提出:"要促进养老和旅游融合发展。引导各类旅游景区、度假区加强适老化建设和改造,建设康养旅游基地。"

在产业实践方面,各地先后推动康养旅游示范基地、健康旅游示范基地、中医药健康旅游示范基地等的建设,康养旅游迎来发展良机。以浙江为例,截至2022年已评选出95个中医药文化养生旅游示范基地。康养旅游作为旅游业的新业态、新模式,既满足了消费者日常出游体验需求,也迎合了消费者对健康养生的多元化需求。随着人们生活水平的不断提高,对康养旅游的专业化、品质化、个性化的需求越来越明显,并由此衍生了诸如中医药康养旅游、禅修旅游等细分业态。

(一)相关标准条目

据统计,截至2023年底,我国共发布康养旅游行业标准与地方标准超150条,主要对康养旅游基地建设、康养旅游服务规范等做出规范与要求。康养旅游相关标准见表6-4。

表6-4 康养旅游相关标准

标准名称	标准号	标准状态	标准类别
国家康养旅游示范基地	LB/T 051—2016	现行	行业标准
森林康养基地总体规划导则	LY/T 2935—2018	现行	行业标准
森林康养基地质量评定	LY/T 2934—2018	现行	行业标准
中国森林认证 自然保护地森林康养	LY/T 3245—2020	现行	行业标准
智慧健康养老服务平台参考模型	SJ/T 11783—2021	现行	行业标准
健康养老基地建设指南	DB 34/T 4357—2022	现行	安徽省地方标准
康养旅游 养生旅游服务规范	DB 34/T 3875—2021	现行	安徽省地方标准
康养旅游 健康小镇旅游建设指南	DB 34/T 3874—2021	现行	安徽省地方标准
康养旅游景区质量等级划分	DB 34/T 3581—2020	现行	安徽省地方标准
康养旅游 线路设计指南	DB 34/T 3170—2018	现行	安徽省地方标准
康养旅游体验区服务质量规范	DB 34/T 2771—2016	现行	安徽省地方标准
康养旅游 术语	DB 34/T 2770—2016	现行	安徽省地方标准
贵州省森林康养基地建设规范	DB 52/T 1198—2017	现行	贵州省地方标准
贵州省康养基地规划技术规程	DB 52/T 1197—2017	现行	贵州省地方标准
康养旅游基地服务质量规范	DB 46/T 576—2022	现行	海南省地方标准

续表

标准名称	标准号	标准状态	标准类别
乡村康养旅游示范村等级划分与评定	DB 41/T 2283—2022	现行	河南省地方标准
森林康养基地建设规范	DB 42/T 1976—2023	现行	湖北省地方标准
森林康养技能培训规范	DB 43/T 2047—2021	现行	湖南省地方标准
森林康养基地导引系统规范	DB 43/T 1857—2020	现行	湖南省地方标准
康养旅游示范基地建设指南	DB 37/T 4210—2020	现行	山东省地方标准
乡村旅游康养服务指南	DB 14/T 2519—2022	现行	山西省地方标准
康养旅游基地指南	DB 14/T 2503—2022	现行	山西省地方标准
康养旅游基地服务规范	DB 14/T 2502—2022	现行	山西省地方标准
文旅康养示范区评定规范	DB 14/T 2480—2022	现行	山西省地方标准
森林康养建设规范	DB 33/T 2455—2022	现行	浙江省地方标准
康养旅游服务规范	DB 33/T 2286—2020	现行	浙江省地方标准
温泉康养示范基地建设与评定	DB 50/T 1280—2022	现行	重庆市地方标准
温泉康养服务规范	DB 50/T 1265—2022	现行	重庆市地方标准

（二）标准主要内容

1. 康养旅游环境

对于申报国家康养旅游示范基地的部门，申报前一年度，GB 3095和HJ 633规定的空气质量指数（AQI）年达标天数比例应≥55%；地表水环境质量应达到GB 3838规定的Ⅲ类以上标准，视野范围内地表无黑臭或其他异色异味水体；声环境质量应达到GB 3096规定的1类标准，康复疗养区等特别需要安静区域的环境噪声≤0类限值；土壤环境应达到GB 15618规定的二级标准；末端垃圾填埋或焚烧处理设施不应设在核心区内；当地应拥有与养生相关的、独特的自然或人文资源，并享有一定知名度。

2. 康养旅游产品

应拥有主题明确、特色鲜明的康养旅游产品；应拥有数量充足、档次合理的康养住宿设施；应拥有数量充足、档次合理的康养餐饮设施；宜同时提供标准化和个性化、长中短期相结合的康养服务系列产品，满足不同游客的差异化需求。

可利用自然资源中的空气、水、磁场、植物或综合生态环境要素等来设计产品，包括但不限于温泉、SPA、森林浴、药膳、茶道等，以达到康养目的；或可利用人文资源，即人类在经验、方法和技能方面的总结来设计产品，如中医理疗、冥想、瑜伽、禅修、武术等，以达到康养目的。

第二节　旅游管理工作标准

一、全域旅游示范区验收标准

2020年4月,文化和旅游部办公厅修订印发《国家全域旅游示范区验收标准(试行)》,对国家全域旅游示范区验收指标做出规定,指明我国全域旅游示范区的建设要点及方向。验收指标及分值如下:

(一)体制机制(90分)

建立适应全域旅游发展的统筹协调、综合管理、行业自律等体制机制,现代旅游治理能力显著提升。

1. 领导体制(20分)

建立全域旅游组织领导机制,把旅游工作纳入政府年度考核指标体系。

2. 协调机制(25分)

建立部门联动、共同参与的旅游综合协调机制,形成工作合力。

3. 综合管理机制(20分)

建立旅游综合管理机构,健全社会综合治理体系。

4. 统计制度(15分)

健全现代旅游统计制度与统计体系,渠道畅通,数据完整,报送及时。

5. 行业自律机制(10分)

建立各类旅游行业协会,会员覆盖率高,自律规章制度健全,行业自律效果良好。

(二)政策保障(140分)

旅游业在地方经济社会发展战略中具有重要地位,旅游规划与相关规划实现有机衔接,全域旅游发展支持政策配套齐全。

1. 产业定位(20分)

旅游业被确立为主导产业,地方党委或政府出台促进全域旅游发展的综合性政策文件和实施方案,相关部门出台专项支持政策文件。

2. 规划编制(20分)

由所在地人民政府编制全域旅游规划和相应专项规划,制定工作实施方案等配套文件,建立规划督查、评估机制。

3. 多规融合(20分)

旅游规划与相关规划深度融合,国土空间等规划满足旅游发展需求。

4. 财政金融支持政策(30分)

设立旅游发展专项资金,统筹各部门资金支持全域旅游发展,出台贷款贴息政策,实施旅游发展奖励补助政策,制定开发性金融融资方案或政策。

5. 土地保障政策(30分)

保障旅游发展用地新增建设用地指标,在年度用地计划中优先支持旅游项目用地。有效运用城乡建设用地增减挂钩政策,促进土地要素有序流动和合理配置,构建旅游用地保障新渠道。

6. 人才政策(20分)

设立旅游专家智库,建立多层次的人才引进和旅游培训机制,实施旅游人才奖励政策。

(三)公共服务(230分)

旅游公共服务体系健全,各类设施运行有效。

1. 外部交通(20分)

可进入性强,交通方式快捷多样,外部综合交通网络体系完善。

2. 公路服务区(15分)

功能齐全,规模适中,服务规范,风格协调。

3. 旅游集散中心(20分)

位置合理,规模适中,功能完善,形成多层级旅游集散网络。

4. 内部交通(30分)

内部交通体系健全,各类道路符合相应等级公路标准,城市和乡村旅游交通配套体系完善。

5. 停车场(15分)

与生态环境协调,与游客流量基本平衡,配套设施完善。

6. 旅游交通服务(20分)

城市观光交通、旅游专线公交、旅游客运班车等交通工具形式多样,运力充足,弹性供给能力强。

7. 旅游标识系统(25分)

旅游引导标识等系统完善,设置合理科学,符合相关标准。

8. 游客服务中心(20分)

咨询服务中心和游客服务点设置科学合理,运行有效,服务质量好。

9. 旅游厕所(30分)

"厕所革命"覆盖城乡全域,厕所分布合理,管理规范,比例适当,免费开放。

10. 智慧旅游(35分)

智慧旅游设施体系完善、功能齐全、覆盖范围大、服务到位。

(四)供给体系(240分)

旅游供给要素齐全,旅游业态丰富,旅游产品结构合理,旅游功能布局科学。

1. 旅游吸引物(50分)

具有品牌突出、数量充足的旅游吸引物。城乡建有功能完善、业态丰富、设施配套的旅游功能区。

2. 旅游餐饮(35分)

餐饮服务便捷多样,有特色餐饮街区、快餐和特色小吃等业态,地方餐饮(店)品牌突出,管理规范。

3. 旅游住宿(35分)

星级饭店、文化主题旅游饭店、民宿等各类住宿设施齐全,管理规范。

4. 旅游娱乐(35分)

举办富有地方文化特色的旅游演艺、休闲娱乐和节事节庆活动。

5. 旅游购物(35分)

地方旅游商品特色鲜明、知名度高,旅游购物场所经营规范。

6. 融合产业(50分)

大力实施"旅游+"战略,实现多业态融合发展。

(五)秩序与安全(140分)

旅游综合监管体系完善,市场秩序良好,游客满意度高。

1. 服务质量(20分)

实施旅游服务质量提升计划,宣传、贯彻和实施各类旅游服务标准。

2. 市场管理(25分)

完善旅游市场综合监管机制,整合组建承担旅游行政执法职责的文化市场综合执法队伍,建立旅游领域社会信用体系,制定信用惩戒机制,市场秩序良好。

3. 投诉处理(20分)

旅游投诉举报渠道健全、畅通、有效,投诉处理制度健全,处理规范公正,反馈及时有效。

4. 文明旅游(20分)

定期开展旅游文明宣传和警示教育活动,推行旅游文明公约,树立文明旅游典型,妥善处置、及时上报旅游不文明行为事件。

5. 旅游志愿者服务(15分)

完善旅游志愿服务体系,设立志愿服务工作站点,开展旅游志愿者公益行动。

6. 安全制度(12分)

建立旅游安全联合监管机制,制定旅游安全应急预案,定期开展安全演练。

7. 风险管控(18分)

有各类安全风险提示、安全生产监督管控措施。

8. 旅游救援(10分)

救援系统运行有效,旅游保险制度健全。

(六)资源与环境(100分)

旅游资源环境保护机制完善,实施效果良好。旅游创业就业和旅游扶贫富民取得一定成效,具有发展旅游的良好社会环境。

1. 资源环境质量(24分)

制定自然生态资源、文化资源保护措施和方案。

2. 城乡建设水平(16分)

整体风貌具有鲜明的地方特色,城乡建设保护措施完善。

3. 全域环境整治(20分)

旅游区、旅游廊道、旅游村镇周边洁化、绿化、美化,"三改一整"等工程推进有力,污水和垃圾处理成效显著。

4. 社会环境优化(40分)

广泛开展全域旅游宣传教育,实施旅游惠民政策,旅游扶贫富民方式多样,主客共享的社会氛围良好。

(七)品牌影响(60分)

实施全域旅游整体营销,品牌体系完整、特色鲜明。

1. 营销保障(15分)

设立旅游营销专项资金,制定旅游市场开发奖励办法。

2. 品牌战略(15分)

实施品牌营销战略,品牌体系完整,形象清晰,知名度和美誉度高。

3. 营销机制(10分)

建立多主体、多部门参与的宣传营销联动机制,形成全域旅游营销格局。

4. 营销方式(10分)

通过多种方式开展品牌营销,创新全域旅游营销方式。

5. 营销成效(10分)

市场规模持续扩大,游客数量稳定增长。

(八) 创新示范(200分)

创新改革力度大,有效解决制约旅游业发展的问题,形成较强的示范带动作用。

1. 体制机制创新(50分)

具有示范意义的旅游领导机制创新(6分)、协调机制创新(6分)、市场机制创新(6分)、旅游配套机制创新(6分);旅游综合管理体制改革创新(6分);旅游治理能力创新(6分);旅游引领多规融合创新(8分);规划实施与管理创新(6分)。

2. 政策措施创新(30分)

全域旅游政策举措创新(6分);财政金融支持政策创新(6分);旅游投融资举措创新(6分);旅游土地供给举措创新(6分);人才政策举措创新(6分)。

3. 业态融合创新(30分)

旅游发展模式创新(10分);产业融合业态创新(10分);旅游经营模式创新(10分)。

4. 公共服务创新(40分)

旅游交通建设创新(8分);旅游交通服务方式创新(8分);旅游咨询服务创新(8分);"厕所革命"创新(8分);环境卫生整治创新(8分)。

5. 科技与服务创新(20分)

智慧服务创新(10分);非标准化旅游服务创新(10分)。

6. 环境保护创新(8分)

旅游环境保护创新(8分)。

7. 扶贫富民创新(12分)

旅游扶贫富民方式创新(8分);旅游创业就业方式创新(4分)。

8. 营销推广创新(10分)

营销方式创新(10分)。

二、文旅消费示范区标准

2021年7月5日,文化和旅游部办公厅发布《关于开展第一批国家级夜间文化和旅游消费集聚区建设工作的通知》,提出依托各地现有发展情况良好、文化和旅游业态集聚度高、夜间消费市场活跃的街区(含艺术街区,剧场、博物馆、美术馆、文化娱乐场所集聚地等)、文体商旅综合体、旅游景区、省级及以上文化产业示范园区商业区域等,分批次遴选、建设200家以上符合文化和旅游发展方向、文化内涵丰富、地域特色突出、文

格物致知

由"全域美"向"共富美"——全域旅游绘制出淳安"大美共富"新图景

知行合一

发展全域旅游 提升扶贫富民和民生品质效应

化和旅游消费规模较大、消费质量和水平较高、具有典型示范和引领带动作用的国家级夜间文化和旅游消费集聚区(以下简称"集聚区")。

遴选、建设标准如下:

(一)四至范围明确

有明确四至范围,街区、旅游景区、省级及以上文化产业示范园区商业区域的占地面积应不超过3平方千米,文体商旅综合体商业面积应不低于1万平方米。

(二)业态集聚度高

文化和旅游业态集聚,产品和服务供给丰富,夜间文化和旅游消费人次及消费规模较大。街区、文体商旅综合体、省级及以上文化产业示范园区商业区域内夜间营业商户中的文化类商户数量或营业面积占比应不低于40%;旅游景区提供夜间游览服务的天数较多,夜间营业的文化娱乐设施项目数量或游览面积占比应不低于40%。

(三)公共服务完善

夜间社会治安、照明、卫生、交通、移动通信情况良好;夜间出行便利度较高,有基本满足消费者夜间出行需求的公共交通服务;区域范围内及周边区域合理设立基本满足消费者夜间停车需求的停车位。

(四)品牌知名度较高

区域内夜间文化和旅游消费活动形式多样、内容丰富,形成集聚效应、品牌效应,在本地居民及外地游客中具有较高的知名度和较强的吸引力。街区、文体商旅综合体、省级及以上文化产业示范园区商业区域内文化类商户营业收入较高;旅游景区经营状况较好,年旅游人次、年营业收入及盈利水平较高。

(五)市场秩序规范良好

文化和旅游市场秩序良好,消费环境诚信守法、文明有序、健康绿色,消费者夜间消费维权便利。近三年(营业不足三年的自营业之日起)区域范围内文化和旅游企业、项目和设施在内容安全、生产安全、食品安全、生态环境等方面没有出现较大违法违规问题。

(六)政策环境良好

所在地级市、副省级市或直辖市市辖区(县)重视发展夜间文化和旅游经济,合理规划文化和旅游消费场所设施空间布局,推进包容审慎监管,营造良好营商环境,引导市场主体创新夜间文化和旅游消费业态;对申报对象予以重点扶持,制定实施资金奖补等优惠政策。

三、《国家旅游科技示范园区管理办法(暂行)》

2021年11月,文化和旅游部印发《国家旅游科技示范园区管理办法(暂行)》,以推动国家旅游科技示范园区(以下简称"示范园区")建设,规范示范园区评定和管理工作。《国家旅游科技示范园区管理办法(暂行)》中明确:示范园区,是以拓展旅游产品、丰富旅游业态、优化旅游服务、提升游客体验和满意度为目标,面向旅游业开展科技研发或应用,有明确的地理边界和独立管理机构的科技园区、产业园区、旅游景区、特色小镇等区域。示范园区按照公开、公平、公正的程序择优评定,管理上遵循自主创建、注重实效、突出示范、动态调整的原则。

《国家旅游科技示范园区管理办法(暂行)》共六章十九条,主要内容包括以下几个方面:

(一)申报示范园区应具备的条件

(1)主业突出,特色鲜明,具有旅游和科技融合发展的良好基础,在全国范围内具有引领性和示范性。

(2)有持续的旅游科技研发、应用投入和良好的发展潜力。

(3)近三年内未发生重大网络安全事件、突发环境事件,或安全、消防、卫生等重大责任事故。

(二)示范园区的主要职责

(1)围绕旅游业高质量发展,开展科技研发或应用、装备生产或升级、标准制定或试点等工作;按照可借鉴、可复制的要求,在不同方向、不同领域、不同区域内进行引领示范与交流合作。

(2)围绕旅游业高质量发展,开展科技研发或应用、装备生产或升级、标准制定或试点等工作;按照可借鉴、可复制的要求,在不同方向、不同领域、不同区域进行引领示范与交流合作。

(3)制定示范园区运行发展的组织、经费、安全等方面的具体管理规定,完善组织系统和制度设计,实行重大事项报告制度、信息报送制度等,建立相关管理机构。

(三)示范园区监督与考核

(1)示范园区应当于每年2月底前将上年度发展情况和本年度工作计划经省级文化、旅游主管部门报送文化和旅游部。

(2)文化和旅游部、省级文化和旅游部门应当加强对示范园区的日常监督,必要时可视示范园区的建设和发展情况开展不定期抽查。

(3)文化和旅游部应当每三年对示范园区进行一次考核。考核结果分为通过考核、限期整改、撤销认定三种。限期整改的期限不超过1年。

四、旅游休闲城市和街区

近年来,随着旅游消费升级和城市功能的不断完善,城市旅游休闲业态和旅游客群正在快速崛起,并成为各地拉动内需、促进消费的重要引擎之一。《"十四五"旅游业发展规划》中提出"建设一批富有文化底蕴的世界级旅游景区和度假区,打造一批文化特色鲜明的国家级旅游休闲城市和街区"。

（一）旅游休闲示范城市

2015年12月,国家标准《旅游休闲示范城市》(LB/T 047—2015)发布,我国启动了全国首批旅游休闲城市创建工作。2017年8月,国家旅游局在西安召开第三届全域旅游推进会。会上揭晓了创建成绩榜,苏州、武汉、杭州、成都、大连、厦门、银川、宁波、无锡、珠海10个城市荣获首批"中国旅游休闲示范城市"称号。

《旅游休闲示范城市》(LB/T 047—2015)中将"旅游休闲示范城市"定义为"旅游休闲功能突出、旅游休闲产业完善、旅游休闲环境和谐、能同时满足旅游者和本地居民的旅游休闲需求、在全国具有典型示范意义的城市"。休闲示范城市是城市发展到比较高水平的表现,是城市发展成熟进步的集中体现,标志着城市由单一的经济中心向多元化的功能发展。在传统的城市发展模式中,城市主要关注经济增长和生产活动,而休闲空间往往被忽视或边缘化。随着社会经济的进步和人们生活水平的提高,人们对休闲和娱乐的需求不断增加,关于城市空间布局的要求也发生了变化。与此同时,休闲产业也得到了极大的发展,涵盖了旅游、文化创意、体育娱乐等多个领域,为城市经济增长和就业创造了新的机会。在城市发展过程中,城市功能逐渐由生产向服务消费转化,在此过程中生产空间被逐渐边缘化、郊区化,制造产业逐渐向城市边缘地带转移,休闲空间进而取代生产空间的原有位置,成为城市新的中心。

该标准主要内容如下：

1. 必备条件

（1）政策与规划方面。以下条件至少应满足其一：有旨在促进旅游休闲业发展的地方政府文件或地方人大立法；过去十年内编制有旅游休闲总体规划；最新城乡总体规划中包含旅游休闲相关专题规划。

（2）安全方面。前三年度未发生《旅游安全管理暂行办法实施细则》所列重大级以上旅游安全事故。

（3）资源保护方面。申报前一年度,自然、人文旅游资源的保护管理工作未受到国家主管部门或联合国相关组织的警告（含）以上处罚。

（4）空气质量方面。根据 GB 3095 和 HJ 633—2012,申报前一年度,空气质量指数（AQI）年优良天数比例高于55%。

2. 旅游休闲整体环境

本部分主要考察地方经济发展水平、对外交通、城市绿化水平、旅游气候舒适度、居民日常生活环境质量、景观与资源质量、旅游休闲氛围等内容。

3. 旅游休闲空间与产品

本部分对旅游休闲空间规划、城市自然休闲活动空间、城市文体活动公共空间、城市经营性休闲空间,以及各休闲空间之间的连接性和旅游休闲产品等方面做出规定。

4. 旅游休闲基础设施与服务

本部分对旅游休闲示范城市的旅游信息与咨询服务体系、旅游休闲交通设施与服务、旅游标识系统、旅游休闲住宿设施、旅游休闲餐饮设施等旅游活动辅助性设施及服务供给做出基础要求。

5. 相关保障措施

本标准还对制度体制方面提出相应要求。旅游休闲示范城市要建立旅游休闲管理体系,并能够保障旅游休闲政策的有效落实,具体包括推动带薪年休假制度的落实、设定旅游休闲企事业机构扶持政策、促进旅游休闲社会组织发展等。

(二)旅游休闲街区

由文化和旅游部牵头编制的《旅游休闲街区等级划分》(LB/T 082—2021)行业标准于2021年4月1日正式发布,该标准规定了旅游休闲街区等级划分的依据与条件。26日,文化和旅游部、国家发展改革委共同发布《关于开展旅游休闲街区有关工作的通知》,开展国家级旅游休闲街区认定工作,并于2022年1月发布首批国家级旅游休闲街区名单。该标准将"旅游休闲街区"定义为"具有鲜明的文化主题和地域特色,具备旅游休闲、文化体验和公共服务等功能,融合观光、餐饮、娱乐、购物、住宿、休闲等业态,能够满足游客和本地居民游览、休闲等需求的城镇内街区"。

该标准将旅游休闲街区划分为国家级旅游休闲街区和省级旅游休闲街区两个等级,从必要条件与一般条件两个方面对各级旅游休闲街区进行了规定。

1. 必要条件

必要条件主要包括以下几个方面。

(1)街区内应培育和践行社会主义核心价值观,倡导文明旅游、节约食物和绿色消费,不应传播封建迷信,不应出现庸俗、低俗、媚俗现象。

(2)应具有明确的空间范围。国家级旅游休闲街区总占地面积不小于50000 m^2 或主街长度不小于500 m,省级旅游休闲街区总占地面积不小于30000 m^2 或主街长度不小于300 m。

(3)应具有稳定的访客接待量。国家级旅游休闲街区年接待访客量应不少于80万人次,省级旅游休闲街区年接待访客量应不少于50万人次。

(4)国家级旅游休闲街区应为步行街,省级旅游休闲街区应在每日主要营业时段期间采取主街限制车辆通行的措施。

(5)其他:

① 应具有统一有效的管理运营机构。

② 应注重绿色发展理念,与当地社区有机融合。

③ 具有地方文化或创意文化的业态比例不应少于40%。

④ 应具有经主管部门批准实施的国家级、省级旅游休闲街区规划。

⑤ 应具备文化展示与体验、游览、购物、餐饮、休闲娱乐等功能,并在全国或省(市、区)层面具有较高的知名度。

⑥ 应具有应对各类突发事件的应急预案。近两年内未发生重大安全责任事故和社会反响强烈的负面舆情事件。

⑦ 应公布访客咨询、投诉和紧急救援电话,且24 h畅通;应有公共广播系统或应急

呼叫系统。

2. 一般条件

一般条件从可进入性、文旅特色、环境特色、业态布局、服务设施、综合服务、卫生、安全、管理九个方面做出规定，以下进行简要介绍。

1）可进入性

（1）街区应有不少于2个主要出入口。

（2）街区周边交通便利，可有轨道交通、路面公交等绿色交通方式，街区周边应有一定规模的停车场地。

2）文旅特色

（1）街区内应有展示城市与街区历史文化风貌的文化符号。

（2）街区宜有鲜明的标志性景观以及多样化的游览景点、历史建筑、名人故居、博物馆、文化馆、实体书店及图书馆(分馆)小剧场等文化景观。

3）环境特色

（1）街区内建筑物及各种设施设备不应有剥落、污垢，且设施设备运行完好，历史建筑应按相应的保护级别采取相应的保护措施且维护及时。

（2）街区户外广告、灯饰应符合相关规定，橱窗及各种商业展示布置宜有创意和独特性，与整体环境相协调。

4）业态布局

（1）街区业态应种类丰富，应有体现文化展示与体验、游览、购物、餐饮、休闲娱乐等功能的相应业态。

（2）宜有创意性和艺术性的消费业态。

5）服务设施

（1）街区内各文物保护单位或景点应设有铭牌标识和景物解说牌且中外文对照。

（2）街区内宜有方便残障人士使用的设计或设施设备，并设置规范标识。宜提供幼儿活动场所及便利设施。

6）综合服务

（1）街区内从业人员宜着装得体整洁，佩戴工牌，语言文明、礼貌、热情，对访客一视同仁，尊重客人的宗教信仰与风俗习惯。

（2）街区内经营单位宜为访客提供包装、订购和邮寄快递、小件寄存等服务。

7）卫生

（1）街区应具有健全的卫生责任制度和卫生检查制度。

（2）街区内应设置分类垃圾收纳箱，布局合理，数量满足需要，垃圾清运及时，垃圾收纳箱造型美观，完好无损。

8）安全

（1）街区安全管理制度健全，应有安全处理预案及应急救援机制。

（2）街区应有治安机构或治安联络点，宜与属地公安、消防等机构有应急联动机制。

9) 管理

（1）街区应定期开展从业人员的业务知识和服务技能培训，且培训效果良好。

（2）街区应有独立域名的网站、公众号或App等智慧街区体系，且内容齐全，更新及时，可进行电子商务，并有专属的网络营销系统。

本章小结

本章主要介绍了智慧旅游、露营地旅游、海洋旅游、康养旅游等旅游新业态的标准化发展情况，列举了相关标准条目信息及标准主要规定范围。还对近年来旅游管理工作标准进行了分析与解读，重点介绍了全域旅游示范区、文旅消费示范区、国家旅游科技示范园区及旅游休闲城市和街区的管理标准内容。

本章训练

一、简答题

1.阐述康养旅游的定义。

2.简述智慧景区建设的主要内容。

二、项目实训

选择一个旅游新业态（可以选择本章提及的旅游新业态，也可选择其他旅游新业态），谈谈当前它的标准化发展存在哪些问题，并针对所存在的问题提出相应的改进措施。

第七章 旅游标准化工作实践

本章概要

《全国旅游标准化试点地区工作标准》于2014年由国家旅游局下发,它是指导试点地区的政府、旅游行政部门和试点企业共同完成试点地区的旅游标准化创建的纲领性文件。地区的标准化创建任务主要由五大模块构成,分别是组织领导(150分)、国家标准和行业标准实施(450分)、地方标准(100分)、试点企业(200分)、综合效应(100分)。其中组织领导是建立健全地区旅游标准化工作机制的基础,地方标准的实施是创标工作的核心任务,试点企业建设是创建工作的最终载体和重点打造对象,试点效果则是对创建工作的阶段性、数据化总结。

学习目标

知识目标

(1)了解什么是旅游标准化。
(2)熟悉旅游标准化的工作任务。
(3)掌握旅游标准化的工作难点以及处理方式。

能力目标

(1)具备对问题的简洁概括能力。
(2)具备对基本信息的搜集能力。
(3)具备对旅游资源的认知能力。

素养目标

(1)帮助游客了解旅游资源的价值,以便更好地弘扬历史文化。
(2)通过旅游标志引导系统增加人们对旅游文明的关注,培养人们对旅游资源和设施的保护意识。

知识导图

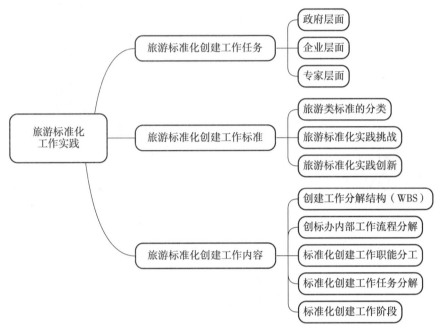

 章节要点

旅游标准化创建工作的标准及流程。

第一节　旅游标准化创建工作任务

一、政府层面

创建工作任务分解是创建地区政府为进一步配合创建工作,促进当地旅游服务业标准化工作的深入开展,加强旅游行业管理,规范旅游服务行为和旅游服务市场,增强旅游服务企业自律能力,提高当地旅游服务业的整体水平,让标准成为习惯,让习惯符合标准。

二、企业层面

创建工作任务不仅涉及政府层面,还涉及企业层面。试点企业需要完成的工作有参与培训、了解标准、利用小助手进行答题、实施标准等,试点企业是旅游标准化创建工作的最基本责任单元,也是创建任务的最终载体。试点企业创建工作任务包括但不限于贯彻执行相关国家标准、地方标准,完善公共信息导向系统,完善企业标准等。

试点企业的工作任务分解具体如下。

(1)按照《全国旅游标准化试点企业工作标准》要求做好旅游标准化推广工作,要求有组织机构、有工作方案、有落实措施。

(2)参加当地旅游标准化培训,组织试点企业实施国家标准、行业标准,建立试点企业内部旅游标准化体系并达到示范要求。

(3)试点企业主要负责人为第一责任人,要把承担的工作任务进行分解,将其落实到相关部门和相关责任人。

(4)试点企业应按时间节点要求完成各项任务,如利用标准实施助手答题、建设公共信息导向系统、实施各项标准、建立完善标准体系文件等,并将完成的工作任务的总结材料报送至创标办。

(5)试点企业要把旅游标准化工作列入本单位工作考核目标。做到责任明确,措施到位,有检查,有落实,政府将组织对试点企业进行随机检查和年终考核,并对任务落实情况进行通报。

三、专家层面

专家组的创标工作任务包括上线政府层面旅游标准化信息综合平台、上线地区标准实施助手、开展精细化培训、开展试点企业一对一辅导、编制旅游标准化发展规划、建设城市公共信息导向系统、辅导政府出台相关政策、配合政府完成迎检工作等。

专家组在创建标准化过程中的具体调研辅导工作主要是针对企业的导向标识系统、企业标准体系、旅游标准化基础工作以及需要实施的国家标准、行业标准、地方标准进行调研,并对各试点企业如何编制、整理企业标准体系进行详细讲解,按照国家标准对各企业导向标识系统进行排查,收集企业信息,调研后出具整改报告,并针对各企业需要落实的国家标准、行业标准以及地方标准进行指导。专家组创标工作具体任务安排请扫二维码查看。

专家组创标工作具体任务安排

第二节 旅游标准化创建工作标准

旅游业标准化逐渐成为规范旅游行业行为、加强行业管理、提高经营服务水平的重要手段。标准的宣传贯彻和实施归根结底是为了协调和维护市场秩序,促进行业整体提升,进而发挥其带动社会经济全面发展的重要作用。正是由于旅游业标准化的建设,旅游市场的恶性价格竞争得到有效控制,旅游活动中损坏消费者利益的事件数量得以减少,旅游产品质量得到提升,进而增强了消费者的认可度,提高了旅游产品的市场竞争力,提升了旅游企业的综合效益。

2014年,国家旅游局下发的《全国旅游标准化试点地区工作标准》中明显加大了旅游业标准实施工作的力度,使得地区在创建旅游标准化试点企业的过程中进行标准实施难度增大。

一、旅游类标准的分类

(一)按照实施必要性分类

根据《全国旅游标准化试点地区工作标准》中的分类,标准被分为必选标准和自选标准,其中必选标准有20项(见表7-1)、自选标准有40项(见表7-2),按照国家要求,凡是参与标准化创建的地区,必选标准20项须全部实施,自选标准40项中选择25项实施,总计45项标准需要实施。凡是参与标准化创建的地区,在实施标准时都必须满足45项标准。

表7-1 必选标准表

序号	必选标准(200分)	得分说明	最高得分
1	《公共厕所卫生规范》(GB/T 17217—2021)	(1)共20项标准,若实施则采取扣分制,不实施则不得分。 (2)星级饭店、A级景区、A级厕所数量分别在全省(直辖市、自治区)排名前三的,各附加10分。 (3)随机现场检查,每处不符合扣2分,扣完为止	10
2	《旅游厕所质量要求与评定》(GB/T 18973—2022)		10
3	《公共信息图形符号 第1部分:通用符号》(GB/T 10001.1—2023)		10
4	《公共信息图形符号 第2部分:旅游休闲符号》(GB/T 10001.2—2021)		10
5	《公共信息导向系统 设置原则与要求 第1部分:总则》(GB/T 15566.1—2020)		10
6	《公共信息导向系统 设置原则与要求 第8部分:宾馆和饭店》(GB/T 15566.8—2007)		10
7	《城市旅游公共信息导向系统设置原则与要求》(GB/T 31382—2015)		10
8	《旅游区(点)质量等级的划分与评定》(GB/T 17775—2003)		10
9	《旅游景区数字化应用规范》(GB/T 30225—2013)		10
10	《旅游景区游客中心设置与服务规范》(GB/T 31383—2015)		10
11	《旅游景区公共信息导向系统设置规范》(GB/T 31384—2024)		10
12	《景区最大承载量核定工作导则》(LB/T 034—2014)		10
13	《旅游饭店星级的划分与评定》(GB/T 14308—2023)		10
14	《旅游餐馆设施与服务等级划分》(GB/T 26361—2010)		10

第七章　旅游标准化工作实践

续表

序号	必选标准(200分)	得分说明	最高得分
15	《旅游娱乐场所基础设施管理及服务规范》(GB/T 26353—2010)	(1)共20项标准,若实施则采取扣分制,不实施则不得分。 (2)星级饭店、A级景区、A级厕所数量分别在全省(直辖市、自治区)排名前三的,各附加10分。 (3)随机现场检查,每处不符合扣2分,扣完为止	10
16	《旅游购物场所服务质量要求》(GB/T 26356—2010)		10
17	《旅游信息咨询中心设置与服务规范》(GB/T 26354—2010)		10
18	《城市旅游集散中心等级划分与评定》(GB/T 31381—2015)		10
19	《导游服务规范》(GB/T 15971—2023)		10
20	《旅行社安全规范》(LB/T 028—2013)		10

表7-2　自选标准表

序号	自选标准(250分)(40项里面选择25项)	得分说明	最高得分
1	《风景旅游道路及其游憩服务设施要求》(LB/T 025—2013)	(1)自选标准共40项,应根据本地区特点从中选择25项实施,每项10分。 (2)所选标准若实施则采取扣分制,不实施则不得分。 (3)随机现场检查,每处不符合扣2分,扣完为止	10
2	《绿道旅游设施与服务规范》(LB/T 035—2014)		10
3	《城市公共休闲服务与管理导则》(GB/T 28102—2011)		10
4	《城市中央休闲区服务质量规范》(GB/T 28003—2011)		10
5	《城乡休闲服务一体化导则》(GB/T 31172—2014)		10
6	《国家生态旅游示范区建设与运营规范》(GB/T 26362—2010)		10
7	《主题公园服务规范》(GB/T 26992—2011)		10
8	《山岳型旅游景区清洁服务规范》(GB/T 31706—2015)		10
9	《创意农业园区通用要求》(GB/Z 32339—2015)		10
10	《特色农业 多功能开发与建设指南》(GB/Z 32450—2015)		10
11	《休闲露营地建设与服务规范 第1部分:导则》(GB/T 31710.1—2015)		10
12	《休闲露营地建设与服务规范 第2部分:自驾车露营地》(GB/T 31710.2—2015)		10
13	《休闲露营地建设与服务规范 第3部分:帐篷露营地》(GB/T 31710.3—2015)		10

续表

序号	自选标准(250分)(40项里面选择25项)	得分说明	最高得分
14	《休闲露营地建设与服务规范 第4部分:青少年营地》(GB/T 31710.4—2015)		10
15	《实景演出服务规范 第1部分:导则》(GB/T 32941.1—2016)		10
16	《实景演出服务规范 第3部分:服务质量》(GB/T 32941.3—2016)		10
17	《自行车骑行游服务规范》(LB/T 036—2014)		10
18	《内河旅游船星级的划分与评定》(GB/T 15731—2015)		10
19	《海洋体验潜水服务规范》(GB/T 33539—2017)		10
20	《国家绿色旅游示范基地》(LB/T 048—2016)		10
21	《国家蓝色旅游示范基地》(LB/T 049—2016)		10
22	《国家人文旅游示范基地》(LB/T 050—2016)		10
23	《国家康养旅游示范基地》(LB/T 051—2016)	(1)自选标准共40项,应根据本地区特点从中选择25项实施,每项10分。(2)所选标准若实施则采取扣分制,不实施则不得分。(3)随机现场检查,每处不符合扣2分,扣完为止	10
24	《研学旅行服务规范》(LB/T 054—2016)		10
25	《红色旅游经典景区服务规范》(LB/T 055—2017)		10
26	《绿色旅游饭店》(LB/T 007—2015)		10
27	《文化主题旅游饭店基本要求与评价》(LB/T 064—2017)		10
28	《旅游民宿基本要求与评价》(LB/T 065—2019)		10
29	《精品旅游饭店》(LB/T 066—2017)		10
30	《温泉旅游企业星级划分与评定》(LB/T 016—2017)		10
31	《国家温泉旅游名镇》(LB/T 042—2015)		10
32	《温泉旅游服务质量规范》(LB/T 046—2015)		10
33	《旅游滑雪场质量等级划分》(LB/T 037—2014)		10
34	《旅游演艺服务与管理规范》(LB/T 045—2015)		10
35	《国际邮轮口岸旅游服务规范》(LB/T 017—2011)		10
36	《自驾游管理服务规范》(LB/T 044—2015)		10
37	《自驾游目的地基础设施与公共服务指南》(LB/T 061—2017)		10
38	《高尔夫管理服务规范》(LB/T 043—2015)		10
39	《旅游特色街区服务质量要求》(LB/T 024—2013)		10
40	《旅游客车设施与服务规范》(GB/T 26359—2010)		10

（二）按照实施主体分类

国家标准、行业标准还可以按照实施主体进行分类。标准实施主体分为企业和政府，企业实施的标准根据企业的实际情况确定，政府实施的标准需要根据现场实际情况确定，具体相关内容可扫二维码查看。

标准实施主体分类表

（三）按照标准属性分类

国家标准、行业标准按照属性又可分为评定类标准、实施类标准和公共信息导向类标准。评定类标准（见表7-3）是指企业或政府根据一定的评判依据进行打分评估，需要企业或政府根据评估结果对照标准原文再实施的标准。实施类标准（见表7-4）是指企业或政府根据创标办确定的标准实施清单所需实施的相关标准。公共信息导向类标准（见表7-5）是指企业或政府需要根据这类标准将导向牌和标识牌整改为与国家标准相符，以符合公共信息导向类标准的要求。

表7-3 评定类标准

序号	评定类标准
1	《旅游厕所质量要求与评定》(GB/T 18973—2022)
2	《旅游区(点)质量等级的划分与评定》(GB/T 17775—2003)
3	《旅游饭店星级的划分与评定》(GB/T 14308—2023)
4	《旅游餐馆设施与服务等级划分》(GB/T 26361—2010)
5	《城市旅游集散中心等级划分与评定》(GB/T 31381—2015)
6	《内河旅游船星级的划分与评定》(GB/T 15731—2015)
7	《旅游民宿基本要求与评价》(LB/T 065—2019)
8	《温泉旅游企业星级划分与评定》(LB/T 016—2017)
9	《旅游滑雪场质量等级划分》(LB/T 037—2014)
10	《绿色旅游饭店》(LB/T 007—2015)

表7-4 实施类标准

序号	实施类标准
1	《城市公共厕所卫生标准》(GB/T 17217—1998)
2	《旅游景区数字化应用规范》(GB/T 30225—2013)
3	《旅游景区游客中心设置与服务规范》(GB/T 31383—2015)
4	《景区最大承载量核定工作导则》(LB/T 034—2014)
5	《旅游娱乐场所基础设施管理及服务规范》(GB/T 26353—2010)
6	《旅游购物场所服务质量要求》(GB/T 26356—2010)
7	《旅游信息咨询中心设置与服务规范》(GB/T 26354—2010)
8	《导游服务规范》(GB/T 15971—2023)

续表

序号	实施类标准
9	《旅行社安全规范》(LB/T 028—2013)
10	《风景旅游道路及其游憩服务设施要求》(LB/T 025—2013)
11	《绿道旅游设施与服务规范》(LB/T 035—2014)
12	《城市公共休闲服务与管理导则》(GB/T 28102—2011)
13	《城市中央休闲区服务质量规范》(GB/T 28003—2011)
14	《城乡休闲服务一体化导则》(GB/T 31172—2014)
15	《国家生态旅游示范区建设与运营规范》(GB/T 26362—2010)
16	《主题公园服务规范》(GB/T 26992—2011)
17	《山岳型旅游景区清洁服务规范》(GB/T 31706—2015)
18	《创意农业园区通用要求》(GB/Z 32339—2015)
19	《特色农业多功能开发与建设指南》(GB/Z 32450—2015)
20	《休闲露营地建设与服务规范 第1部分:导则》(GB/T 31710.1—2015)
21	《休闲露营地建设与服务规范 第2部分:自驾车露营地》(GB/T 31710.2—2015)
22	《休闲露营地建设与服务规范 第3部分:帐篷露营地》(GB/T 31710.3—2015)
23	《休闲露营地建设与服务规范 第4部分:青少年营地》(GB/T 31710.4—2015)
24	《实景演出服务规范 第1部分:导则》(GB/T 32941.1—2016)
25	《实景演出服务规范 第3部分:服务质量》(GB/T 32941.3—2016)
26	《自行车骑行游服务规范》(LB/T 036—2014)
27	《海洋体验潜水服务规范》(GB/T 33539—2017)
28	《国家绿色旅游示范基地》(LB/T 048—2016)
29	《国家蓝色旅游示范基地》(LB/T 049—2016)
30	《国家人文旅游示范基地》(LB/T 050—2016)
31	《国家康养旅游示范基地》(LB/T 051—2016)
32	《研学旅行服务规范》(LB/T 054—2016)
33	《红色旅游经典景区服务规范》(LB/T 055—2017)
34	《文化主题旅游饭店基本要求与评价》(LB/T 064—2017)
35	《精品旅游饭店》(LB/T 066—2017)

续表

序号	实施类标准
36	《国家温泉旅游名镇》(LB/T 042—2015)
37	《温泉旅游服务质量规范》(LB/T 046—2015)
38	《旅游演艺服务与管理规范》(LB/T 045—2015)
39	《国际邮轮口岸旅游服务规范》(LB/T 017—2011)
40	《自驾游管理服务规范》(LB/T 044—2015)
41	《自驾游目的地基础设施与公共服务指南》(LB/T 061—2017)
42	《高尔夫管理服务规范》(LB/T 043—2015)
43	《旅游特色街区服务质量要求》(LB/T 024—2013)
44	《旅游客车设施与服务规范》(GB/T 26359—2010)

表7-5 公共信息导向类标准

序号	公共信息导向类标准
1	《公共信息图形符号 第1部分:通用符号》(GB/T 10001.1—2023)
2	《公共信息图形符号 第2部分:旅游休闲符号》(GB/T 10001.2—2021)
3	《公共信息导向系统 设置原则与要求 第1部分:总则》(GB/T 15566.1—2020)
4	《公共信息导向系统 设置原则与要求 第8部分:宾馆和饭店》(GB/T 15566.8—2007)
5	《城市旅游公共信息导向系统设置原则与要求》(GB/T 31382—2015)
6	《旅游景区公共信息导向系统设置规范》(GB/T 31384—2024)

二、旅游标准化实践挑战

(一)标准实施的信息量庞大

目前参与旅游标准化创建的试点企业达1200余家。这么多地区及企业的标准化创建工作都是以《全国旅游标准化试点地区工作标准》为依据,通过深入解读《全国旅游标准化试点地区工作标准》中60项标准的工作任务,对各项工作任务进行科学的分析、研究,将其分解为3000余项评估指标,并进一步细化成14000余项实施关键点。由此,随着调研试点地区的增加,标准实施信息量愈加庞大,标准实施数据处理工作推进日益艰难。

（二）标准实施的交互环节庞杂

在标准实施工作的实际开展过程中，工作内容会涉及标准的宣贯普及、标准的落实、标准的督导、标准的评定和标准的制修订等多个环节。标准实施中，人员角色跨越多个层级，信息沟通涉及横向沟通、纵向沟通、斜向沟通。鉴于客观存在的情况，标准实施难免会发生时间、人力、财力大量消耗，工作效率低下、对环境变化的适应度低等问题。

标准实施的交互环节见图 7-1。

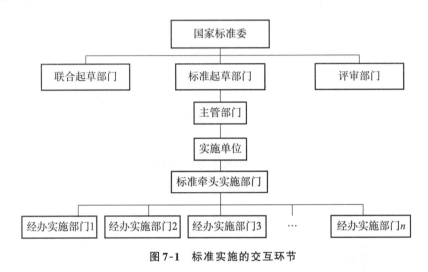

图 7-1　标准实施的交互环节

三、旅游标准化实践创新

（一）可视化

目前为适应散客市场比重越来越大的旅游新形势，不断完善城市公共职能，我国多个省、市设立了城市旅游集散中心。为了规范城市旅游集散中心的发展，《城市旅游集散中心等级划分与评定》(LB/T 010—2011)于2011年2月1日由国家旅游局发布，自2011年6月1日开始实施。编制该标准的目的是完善城市旅游集散中心的基础设施，提高和规范其服务水平，更好地促进城市旅游集散中心健康发展。该标准对城市旅游集散中心、旅游集散服务、旅游咨询服务、旅游换乘服务等术语进行了界定，包括城市旅游集散中心的等级划分与依据及基本条件，一级城市旅游集散中心划分条件，二级城市旅游集散中心划分条件，三级城市旅游集散中心划分条件等内容。

《城市旅游集散中心等级划分与评定》这个标准评定项内容较多，为了使试点地区更加快速地明确不同级别城市旅游集散中心的具体评定项内容，可以将标准中三个级别的所有评定项内容简化，简洁地体现出所有级别评定项的内容，见图7-2。

旅游集散中心	一级	二级	三级
中心大厅	咨询接待区 候车厅 旅游产品展示区 吸烟区 行政管理区 旅游购物区 休闲服务区 医务室 失物招领 母婴室或特殊人群 饮水设备（开水） 电子信息屏幕 公用电话 宽带 无障碍通道、坡道	咨询接待区 候车厅 × 吸烟区 行政管理区 × × × × 母婴室或特殊人群 饮水设备（开水） × 公用电话 × 无障碍通道、坡道	咨询接待区 候车厅 × × × × × × × × × × × × ×
候车厅总面积不小于	300m²	150m²	50m²
售票处	售票窗口 补票窗口 退票窗口 无障碍窗口	售票窗口 补票窗口 退票窗口 无障碍窗口	售票窗口 × × ×
停车场总面积不小于	5000m²	2000m²	设有停车场
公共厕所	无障碍厕位	无障碍厕位	设有公共厕所
其他	集散中心区域分布示意图 建筑物正门设有中英文标识	集散中心区域分布示意图 建筑物正门设有中英文标识	建筑物正门设有中英文标识
服务内容	40条以上旅游线路 400人次以上日均客流量	20条以上旅游线路 200人次以上日均客流量	5条旅游线路 ×
投诉率不超过年客流量	十万分之三	十万分之五	十万分之七
游客满意率	95%	90%	85%
准点率	98%	95%	98%

图7-2 城市旅游集散中心评定的可视化简表

（二）信息化

在大数据时代的背景环境下，标准化创建工作的实施成果只有转化为最终的产品才能发挥最大的效益，因而开发标准应用工具是保证标准有效实施的重要手段。目前开发的标准应用工具有"标准实施助手"，简称"小助手"。该工具是依托目前的微信平台而开发的一款小程序，试点企业可以通过小助手进行线上答题，线上完成标准化基础工作和标准自评工作，专家组可进行后台审核，远程监督试点企业的标准实施情况。小助手工具为微信小程序形式，操作简单，方便试点企业使用，试点企业在小助手平台上传每道题相应的证明材料，小助手就可以通过试点企业上传的相关证明材料，自动在评分指标体系下进行审核。小助手微信小程序页面见图7-3。

信息化的高效率和高效益可以保障标准的顺利实施，开发的小助手工具就是信息化时代的产物，也是今后开展标准化创建工作的重要依托。

图7-3　小助手微信小程序页面

（三）人工智能化

新时代的到来使得人工智能（Artificial Intelligence，AI）技术在各个领域得到广泛推广和应用。自然语言处理（Natural Language Processing，NLP）作为人工智能的一个子领域，在文本朗读（Text to Speech）、语音合成（Speech Synthesis）、语音识别（Speech Recognition）、中文自动分词（Chinese Word Segmentation）、词性标注（Part-of-speech Tagging）、句法分析（Parsing）、文本分类（Text Categorization）、信息检索（Information Retrieval）、信息抽取（Information Extraction）、文字校对（Text-proofing）、问答系统（Question Answering）、机器翻译（Machine Translation）、自动摘要（Automatic Summarization）、文字蕴涵（Textual Entailment）等方面都有技术解决方案。未来基于NLP的标准实施工作将大大提升监督和控制效果，减少人力消耗，杜绝时空盲点。NLP模型如图7-4所示。

大数据挖掘（Data Mining）技术能经过信息收集、数据集成、数据规约、数据清理、数据变换、数据挖掘、模式评估、知识表示等环节，通过数据表现挖掘出深层次的内容。常见的方法有神经网络法、遗传算法、决策树方法、粗集方法、覆盖正例排斥反例方法、统计分析方法、模糊集方法等。将大数据挖掘技术引入标准文本分析，能挖掘出标准的深层次内容，如标准孤点率，适用于一定范围内的共性因子等。大数据挖掘技术能为标准的制定、修订提供可靠的数据支撑。

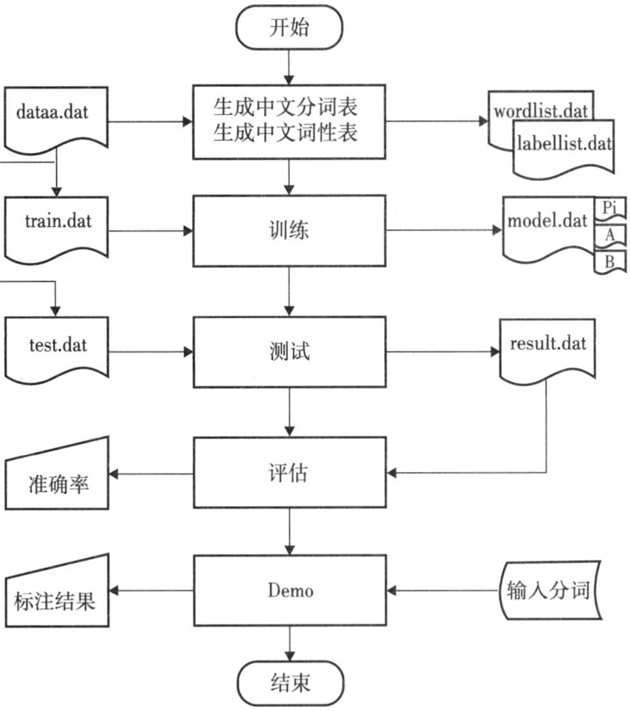

图 7-4 NLP模型

基于WordCloud的创建任务解析如图7-5、图7-6所示。

图 7-5 基于WordCloud的创建任务解析(1)

图 7-6　基于 WordCloud 的创建任务解析 (2)

数据挖掘模型如图 7-7 所示。

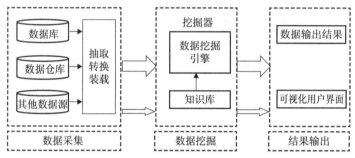

图 7-7　数据挖掘模型

第三节　旅游标准化创建工作内容

创建全国旅游标准化示范地区一般需要两年时间,它是一个过程涉及多部门协同作业、多环节不断交互、内外部环境不停变化的项目。为保障创建工作高效、有序推进,每一个试点地区的领导小组都需在创建的初期为自己拟定一套标准作业流程(SOP),以标准化的方式开展标准化创建工作。

一、创建工作分解结构(WBS)

创建工作是一项大型系统性的项目,具有目标性、临时性等项目特征。为保障创建工作的顺利推进,在管理创建工作的过程中,地区宜采取项目管理的一般方法进行创建工作的计划、组织、领导、协调和控制。本节基于《全国旅游标准化试点地区工作标准》的总体要求,按照项目实施的时间顺序及各模块之间的交互关系,制定了旅游标准化试点地区创建工作的一般性工作结构分解(WBS),以更加清晰的形式来表现标准化的创建工作,国家标准、行业标准、地方标准实施,试点企业和综合效应这一系列的工作都需要政府进行组织领导,督促企业完成。每一项工作都环环相扣,形成一个完整的工作体系(见图7-8)。

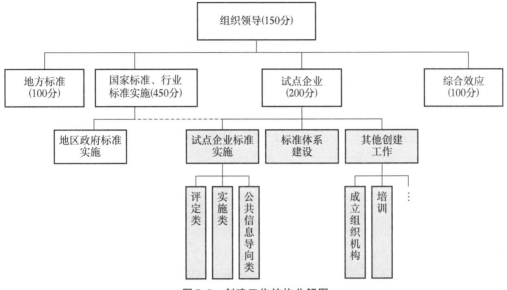

图7-8 创建工作结构分解图

组织领导工作是创建工作的基础环节,是创建工作需要最先投入建设的工作内容。工作的核心目标是建立健全旅游标准化的各项工作机制,从多方面保障创建工作的推进。该环节需要完成建立领导班子,编制工作规划,出台奖励政策和工作管理办法,开展学习、专题培训和标准化宣传工作等核心工作内容。

国家标准、行业标准实施工作是创建工作的依据,是创建工作不可或缺的环节。国价标准、行业标准实施按照《全国旅游标准化试点地区工作标准》分为必选标准和自选标准。必选标准20项,自选标准25项(共40项,选择其中25项实施),共计45项标准,45项标准的实施需要试点企业与当地政府共同完成,政府则需要选择合适的试点企业作为标准的实施主体。

试点企业标准实施是创建工作的实践环节,是创建工作投入时间较长的一项工作。标准实施按照实施类型,可分为评定类、实施类和公共信息导向类。评定类标准是指根据一定的评价要求和标准,对特定对象进行评价、判定或分类的指南或规范,如《旅游饭店星级的划分与评定》《绿色旅游饭店》《旅游区(点)质量等级的划分与评定》等。实施类标准是指根据试点企业的行业特性所划分的相关规范、要求、标准,如《旅游景区游客中心设置与服务规范》《旅游购物场所服务质量要求》等。公共信息导向类标准是涉及试点地区及试点企业的导向标牌整改标准,如《公共信息图形符号 第1部分:通用符号》《公共信息图形符号 第2部分:旅游休闲符号》等。

国家标准、行业标准的实施主体可划分为政府与企业。在标准化创建工作中,政府不仅应起到领导作用,还要真正参与相关标准的实施过程,这也意味着政府将承担更多的责任。试点企业作为标准实施主体,则需要投入资金和精力全力配合当地标准化创建工作,标准化创建工作对试点企业而言也是一项巨大的挑战。

试点企业创建工作承载了标准化创建的大部分工作,是标准化创建能否取得成功的关键性因素。与2014年相比,试点企业创建工作的覆盖面要求更广,需要至少覆盖50家试点企业,且业态类别数量需要达到15个及以上。试点企业的创建工作主要包含标准化创建的基础性工作、标准的宣传贯彻、企业标准体系建设。

标准化创建工作中的基础性工作是指向试点企业讲解创建任务的具体内容,要求试点企业理解每项标准化工作任务,并有专人落实每项工作,制订工作计划,确保试点企业顺利开展标准化工作,具体内容如表7-6所示。

表7-6 标准化创建的基础性工作

序号	审查任务
1	标准化领导、工作组
2	标准化组织架构
3	标准化办公室
4	标准化工作专职人员
5	标准化工作会议(≥5次)
6	标准化工作计划
7	企业标准化工作宣传
8	标准化工作培训(≥3次)
9	标准化工作监督检查机制
10	标准化专项资金预算
11	标准化工作保障措施
12	标准化工作财务原始凭证
13	标准化工作奖励
14	标准化工作自查(≥5次)
15	标准化效益
16	企业品牌效益

试点企业标准体系建设工作是指对试点企业进行现场辅导工作后,收集企业相关材料,为每个试点企业上线标准化管理系统的一项工作,创标办及各区县旅游主管部门需要督促各试点企业按要求完善企业内部管理制度,优化相关岗位职责及作业流程。

企业标准体系表如表7-7所示。

表7-7 企业标准体系表

标准体系	子标准体系
管理标准体系	安全应急、救援和保险标准
	财务管理标准

续表

标准体系	子标准体系
管理标准体系	工会、党团标准
	行政(后勤)管理标准
	合同管理标准
	红头文件
	环境和卫生管理标准
	建筑、设施设备和用品标准
	能源管理标准
	人力资源管理标准
	信息与信息管理标准
	营销管理标准
	职业健康管理标准
岗位标准体系	岗位管理标准
服务标准体系	产品/服务项目标准
	产品/服务项目设计标准
	服务评价与改进标准
	服务质量控制标准
	作业(服务提供)标准

二、创标办内部工作流程分解

编者经过数十年的经验积累和对全国20余个试点地区及1170余家企业调研工作的总结,得出地区标准化工作应至少具备的13项流程,涉及创标办层面、政府层面、企业层面等的流程,这些工作流程可以以SOP的形式进行固化。

地区标准化工作流程如表7-8所示。

表7-8 地区标准化工作流程

模块	流程名称
创标办层面	文件的起草与报送
	文件的存档与备份
政府层面	发展规划编制
	政府层面标准实施
	地方标准编制
	标准化工作推进会议
	工作宣传

续表

模块	流程名称
政府层面	标准评定
	标准化活动开展与策划
企业层面	现场调研辅导工作
	企业标准体系建设
	企业公共信息导向系统整改
	标准实施

(一) 创标办工作流程分解

1. 文件的起草与报送

文件的起草与报送流程见表7-9、图7-9。

表7-9 文件的起草与报送流程

流程名称	文件的起草与报送
交互对象	专家组、创标办、其他部门
流程描述	首先由专家组编制初稿,再交由创标办审核,创标办审核无误后向其他部门征求意见,意见通过,最后由专家组定稿并报送至创标办
流程频次	每周一次
流程输出	文件初稿、文件定稿

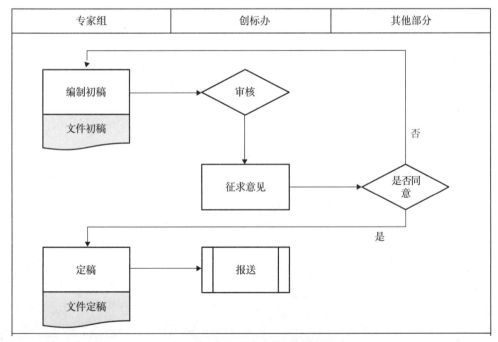

图7-9 文件的起草与报送流程

2. 文件的存档与备份

文件的存档与备份流程如表7-10、图7-10所示。

表 7-10　文件的存档与备份流程

流程名称	文件的存档与备份
交互对象	创标办、专家组
流程描述	首先,创标办将获取的最终文件发送至专家组;然后,由专家组对文件进行扫描并在本地备份,之后打印并上传至平台,创标办则将原文件进行存档;最后,由创标办和专家组共同核对阶段性文件
流程频次	每周一次
流程输出	文件定稿

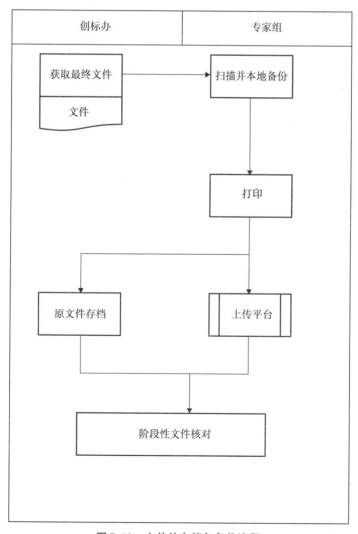

图 7-10　文件的存档与备份流程

（二）政府工作流程分解

1. 发展规划编制流程

发展规划编制流程如表7-11所示。

表7-11　发展规划编制流程

流程名称	发展规划编制
交互对象	编制团队、创标办、相关部门、评审专家
流程描述	首先编制团队对创标办进行问卷调研，创标办和相关部门提供资料后，由编制团队对创标办和相关部门进行实地访谈。访谈结束后，由编制团队编制发展规划初稿，交创标办与相关部门征求意见。意见通过后则由评审专家对发展规划进行审核。审核无误后再交由编制团队定稿，由创标办进行发布
流程频次	每月一次
流程输出	发展规划初稿、发展规划定稿

2. 政府层面标准实施流程

政府层面标准实施流程如表7-12、图7-11所示。

表7-12　政府层面标准实施流程

流程名称	政府层面标准实施
交互对象	实施单位、专家组、创标办、领导小组
流程描述	首先由实施单位编制实施方案，并将实施方案先后交给专家组、创标办进行审核；审核无误后，由领导小组协调资源，实施单位依据实施方案开始实施；最后由专家组与创标办共同验收
流程频次	每月一次
流程输出	实施方案定稿

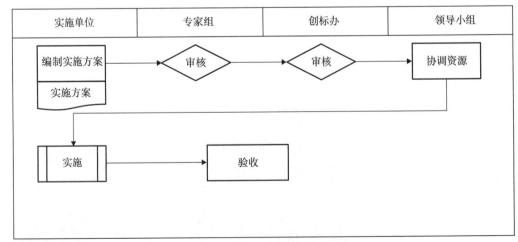

图7-11　政府层面标准实施流程

3. 地方标准编制流程

地方标准编制流程如表7-13、图7-12所示。

表7-13　地方标准编制流程

流程名称	地方标准编制
交互对象	创标办、领导小组、起草单位
流程描述	首先由创标办立项地方标准，交由领导小组审核，审核通过后由创标办选定起草单位编制地方标准，最后由创标办评审与发布地方标准
流程频次	每周一次
流程输出	—

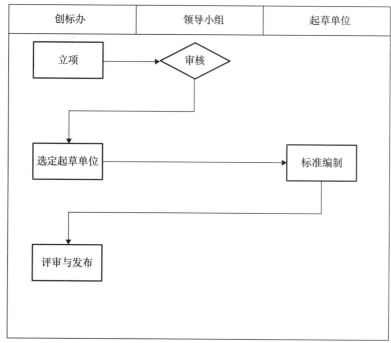

图7-12　地方标准编制流程

4. 标准化工作推进会议流程

标准化工作推进会议流程如表7-14所示。

表7-14　标准化工作推进会议流程

流程名称	标准化工作推进会议流程
交互对象	创标办、专家组、其他部门、试点企业
流程描述	首先由专家组汇总并分析创建工作情况，撰写相关报告；而后由创标办组织召开推进会议，专家组需要参与会议，其他部门与试点企业根据通知再决定是否参与会议；最后由创标办进行任务分配
流程频次	每周一次
流程输出	阶段性工作报告定稿

5. 工作宣传流程

工作宣传流程见表7-15。

表7-15　工作宣传流程

流程名称	工作宣传流程
交互对象	宣传团队、创标办、专家组
流程描述	首先由创标办确定标准化创建期间开展的阶段性活动；然后由宣传团队根据活动内容撰写宣传稿；再将宣传稿交给创标办、专家组审核；审核通过后由宣传团队进行发布
流程频次	每月一次
流程输出	宣传稿定稿

6. 标准评定流程

标准评定流程如表7-16、图7-13所示。

表7-16　标准评定流程

流程名称	标准评定流程
交互对象	创标办、专家组、主管部门、试点企业
流程描述	首先由创标办阶段性组织标准评定活动，由专家组准备评定依据，主管部门联系试点企业；再由创标办、专家组与主管部门组成评定小组，对试点企业进行现场评定，评定后，由专家组出具评估报告；最后，试点企业根据评估报告进行整改
流程频次	每周一次
流程输出	—

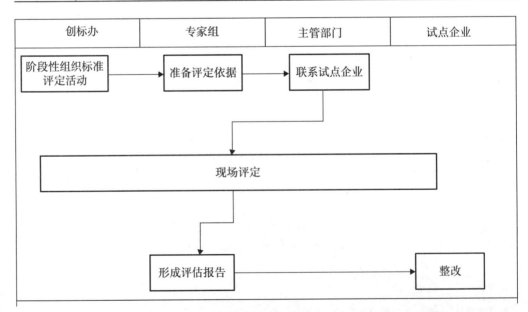

图7-13　标准评定流程

7. 标准化活动开展与策划流程

标准化活动开展与策划流程如表7-17所示。

表7-17　标准化活动开展与策划

流程名称	标准化活动开展与策划
交互对象	创标办、活动承办单位、专家组
流程描述	首先由创标办提出活动要求；再由活动承办单位根据要求编制策划方案；最后将方案先后交给专家组、创标办进行审核，审核通过后，由创标办根据方案组织开展活动
流程频次	每月一次
流程输出	活动策划方案定稿

（三）企业工作流程分解

1. 现场调研辅导工作流程

现场调研辅导工作流程如表7-18、图7-14所示。

表7-18　现场调研辅导工作流程

流程名称	现场调研辅导工作流程
交互对象	专家组、创标办/主管部门、试点企业
流程描述	首先由创标办或主管部门联系试点企业，确定调研时间；再由专家组依次进行现场调研、工作讲解及信息采集，试点企业配合专家组提供相应材料；最后，专家组在收到材料后准备后台工作
流程频次	每周一次
流程输出	调研信息采集表、导向材料

2. 企业标准体系建设流程

企业标准体系建设流程如表7-19、图7-15所示。

表7-19　企业标准体系建设流程

流程名称	企业标准体系建设流程
交互对象	专家组、试点企业
流程描述	首先由专家组采集组织机构图，试点企业配合提供企业标准文件；再由专家组将文件上线至平台并进行诊断；最后，企业根据诊断报告完善标准并再次上线至平台
流程频次	每月一次
流程输出	组织机构图

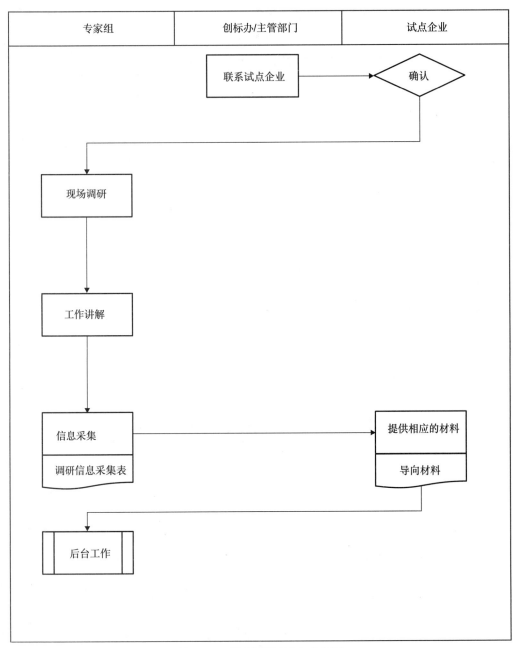

图7-14 现场调研辅导工作流程

第七章 旅游标准化工作实践

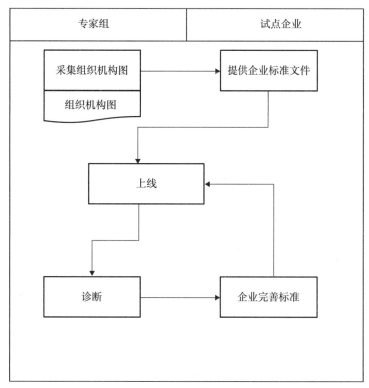

图 7-15 企业标准体系建设流程

3. 标准实施流程

标准实施流程如表 7-20、图 7-16 所示。

表 7-20 标准实施流程

流程名称	标准实施流程
交互对象	创标办、专家组、试点企业
流程描述	首先由创标办确定标准实施清单,然后由试点企业提供企业信息,再由专家组进行小助手上线工作,最后试点企业利用小助手开始答题,答题开始后专家组可对试点企业进行远程诊断或现场抽查
流程频次	每月一次
流程输出	—

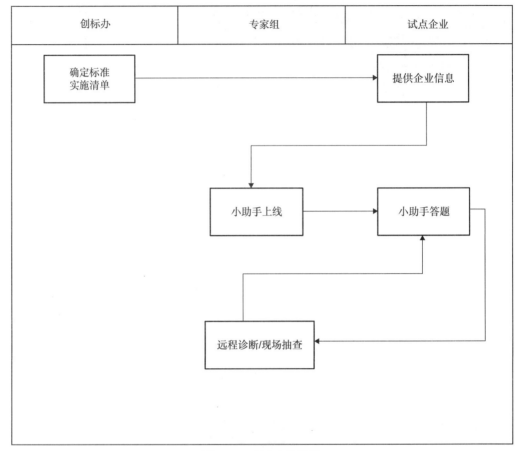

图 7-16　标准实施流程

4. 企业公共信息导向系统整改流程

企业公共信息导向系统整改流程如表 7-21、图 7-17 所示。

表 7-21　企业公共信息导向系统整改流程

流程名称	企业公共信息导向系统整改流程
交互对象	专家组、旅游主管部门、试点企业、广告公司
流程描述	由专家组进行调研,旅游主管部门协调试点企业,试点企业配合专家组调研并提供资料,专家组根据调研情况出具标准化实施方案,试点企业对方案做出审核后交由广告公司制作设计稿,广告公司将设计稿提交试点企业审核,试点企业将设计稿提交至专家组审核,审核通过后可以找广告公司制作安装标识标牌,后续再由试点企业、专家组对标识标牌进行审核,审核通过后,试点企业等待验收
流程频次	每月一次
流程输出	—

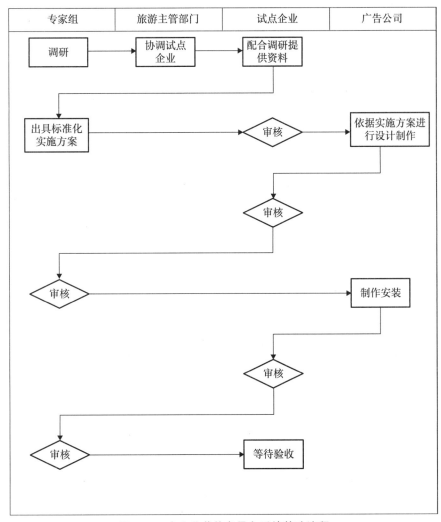

图7-17　企业公共信息导向系统整改流程

三、标准化创建工作职能分工

以地区标准化创建工作为例,地区标准化创建职能分工主要包括旅游标准化创建工作领导小组、旅游标准化创建工作办公室和各行业主管部门三个部分。

首先,旅游标准化创建工作领导小组的工作职责是领导创标小组完成创标工作,做好资源配置,协调各职能部门积极配合创标工作,从职能部门抽调专职人员成立专班小组。旅游标准化创建工作领导小组是标准化创建工作中重要的一环。

其次,旅游标准化创建工作办公室成员由标准化办公室成员和专家组构成,创标办人员负责和政府协调沟通并完成专家组分解的各项工作任务,对试点企业的后续创建工作进行督导,专家组在标准化创建过程中负责试点企业的调研、培训及提供相应的技术支持。

最后,各行业主管部门负责配合创标办对各个分管的试点企业进行督导,使企业最终完成旅游标准化的标准建设和实施工作。

四、标准化创建工作任务分解

（一）政府层面

创建工作任务分解是创建地区政府为进一步配合创建工作,促进当地旅游服务业标准化工作的深入开展,加强旅游行业管理,规范旅游服务行为和旅游服务市场,增强旅游服务企业自律能力,提高当地旅游服务业的整体水平,让标准成为习惯,让习惯符合标准而制定的。以某地区旅游标准化创建工作任务分解表为例进行说明,某地区旅游标准化创建工作任务分解表就是将《全国旅游标准化试点地区工作标准》中的各个项划分了时间节点,这样会更加明确如何分配工作任务。

（二）企业层面

试点企业需要完成的工作包括参与培训、了解标准、利用小助手进行答题、实施标准等,试点企业是旅游标准化创建工作最基本的责任单元,也是创建任务的最终载体。试点企业创建工作任务包括但不限于贯彻执行相关国家标准、行业标准、地方标准,完善公共信息导向系统,完善企业标准等工作。以下是试点企业的工作任务分解内容。

（1）按照《全国旅游标准化试点地区工作标准》中的要求,做好旅游标准化推广工作,要求有组织机构,有工作方案,有落实措施。

（2）参加当地旅游标准化培训,组织试点企业实施国家标准、行业标准,建立试点企业内部旅游标准化体系并使其达到示范要求。

（3）试点企业主要负责人为第一责任人,企业要把承担的工作任务进行分解,将其落实到相关部门和相关责任人。

（4）试点企业应按时间节点要求完成各项任务,如实施标准、利用小助手答题、整改公共信息导向系统、建立并完善标准体系等,并将完成工作任务的总结材料报送至创标办。

（5）试点企业要把旅游标准化工作列入本单位工作考核目标。做到责任明确、措施到位、有检查、有落实,政府将组织对试点企业进行随机检查和年终考核,并对任务落实情况进行通报。

（三）专家层面

专家组的创标工作任务包括上线政府层面旅游标准化信息综合平台,上线地区标准实施助手,开展精细化培训,开展试点企业一对一辅导,编制旅游标准化发展规划,建设城市公共信息导向系统,辅导政府出台相关政策,配合政府完成迎检工作等。专家组在创建标准化过程中的调研辅导工作主要是针对企业的导向标识系统、企业标准体系、旅游标准化基础工作,以及对需要实施的国家标准、行业标准、地方标准进行调研,并对各试点企业如何编制、整理企业标准体系进行详细讲解,按照国家标准对各企业导向标识系统进行排查,收集企业信息,调研后出具整改报告,对各企业需要落实的国家标准、行业标准及地方标准进行指导。

某地区旅游标准化创建工作任务分解表请扫二维码查看。

五、标准化创建工作阶段

标准化创建核心工作按照宏观时间节点可划分为三个阶段,即启动阶段、创建阶段和迎检验收阶段。下面对每个阶段的具体工作任务进行详细说明。

(一)启动阶段

启动阶段包括但不限于建立旅游标准化领导机制、成立创标办、落实创建工作经费、启动编制《旅游标准化发展规划》和《旅游标准化管理办法》、召开启动大会、出台旅游标准化工作的相关政策、完成《旅游标准化试点地区工作实施方案》的编制、完成旅游标准化创建各部门的工作方案、确认本地区试点企业名单、定期召开标准化工作推进会、开展相关宣传工作、学习考察、开展精细化培训等工作任务。

(二)创建阶段

创建阶段包括但不限于:根据《公共厕所卫生规范》(GB/T 17217—2021)建设或整改旅游厕所,根据《城市旅游公共信息导向系统设置原则与要求》(GB/T 31382—2015)建设或整改旅游公共信息导向系统,根据《旅游信息咨询中心设置与服务规范》(GB/T 26354—2010)建设或整改旅游信息咨询中心,根据《城市旅游集散中心等级划分与评定》(GB/T 31381—2015)建设或整改旅游集散中心,根据《风景旅游道路及其游憩服务设施要求》(LB/T 025—2013)建设或整改风景旅游道,根据《绿道旅游设施与服务规范》(LB/T 035—2014)建设或整改绿道,落实其他国家标准、行业标准,制定地方旅游标准,建立并完善旅游标准化体系,创建旅游标准化试点企业等工作任务。

(三)迎检验收阶段

迎检验收阶段包括但不限于创建旅游标准化试点企业、政府及企业自查工作、统计数据、编制汇报材料、制作宣传片、设计迎检线路、设计验收组接待方案等工作任务。

本章小结

本章结合《全国旅游标准化试点地区工作标准》的内容,重点介绍了地区旅游标准化创建的工作任务、工作标准、工作内容等。

本章训练

一、简答题

1. 请按实施主体对标准进行分类。
2. 请按标准属性对标准进行分类。
3. 简述旅游标准化实践面临的挑战。

某地区旅游标准化创建工作任务分解表

实践案例

打造旅游标准化的"扬州样本"用国际语言讲好中国故事

在线答题

二、项目实训

现在有一家五星级酒店准备开展旅游标准化建设工作,请从旅游标准化专家的角度,结合酒店业务内容,为酒店设计旅游标准化方案。这个方案应该明确短期目标、中期目标和长期目标,以及各个部门在实施标准化过程中需要承担的具体任务。

第八章
旅游标准实施工具

 本章概要

  信息化对标准化具有高度依赖性。《"十四五"文化和旅游发展规划》提出要"以标准化引领质量提升"。2022年的世界标准日,国家标准化管理委员会提出"标准让数字时代的质量更可靠""标准让数字时代的信息更安全""标准让数字时代的联通更高效""标准让数字时代的发展环境更优化"。旅游景区标准化管理具有复杂性,每个景区都面临不同的挑战,这就迫切需要通过数字化手段降低标准化工作的难度,使旅游景区标准化建设事半功倍。

知识目标

(1)了解什么是旅游标准实施工具。
(2)熟悉旅游标准实施工具的功能。
(3)掌握将数字技术应用到旅游标准化工作中的技巧。

能力目标

(1)提升对文章内容的理解能力。
(2)提升对关键信息的捕捉能力。
(3)提升对数字技术赋能旅游标准化的认知能力。

素养目标

(1)对信息技术赋能旅游标准化形成认知。
(2)掌握旅游标准实施工具的实际应用。

旅游标准化知识

知识导图

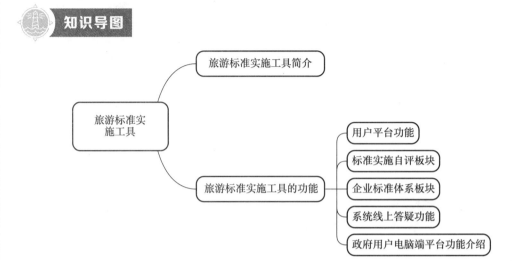

章节要点

信息技术赋能旅游标准化建设的应用。

章首案例
▼
以信息化助力标准化,"标准实施助手"上线

第一节 旅游标准实施工具简介

旅游标准实施工具平台上线了需实施的旅游相关国家标准、行业标准、地方标准。通过组织专业团队对标准进行深入解读,结合旅游标准化建设的步骤、方法和评估要求,从实践中检验标准,为旅游标准及标准化工作提供了理论与实践兼容的基础。工具平台实现了标准实施在线测评,以及对旅游企业标准化工作的过程控制。同时,工具平台系统包含企业标准化自评结果、专家评估、专家辅导等功能板块,真正实现了运用信息化的先进技术和手段来开展标准建设工作。

工具平台现已助力多个地区实际开展标准化创建工作,几百家旅游单位正通过平台组织实施旅游标准。工具平台能够帮助地区建立完整的包括标准评估、实施、监控、修订等流程在内的标准化工作体系,由旅游标准化试点单位及时、准确地上传标准化评估文件,专家团队线上参与标准化工作测评。针对旅游试点单位标准化工作基础薄弱的问题,工具平台以"结构简洁标准、使用简单便捷"为开发理念,为试点单位普及旅游标准化基础知识,为贯彻实施旅游标准提供良好的技术支撑。工具平台还会在对标准的评估、反馈、完善等各环节收集用户的实际使用数据,以帮助工具平台不断改进与完善。

第二节　旅游标准实施工具的功能

标准实施工具平台运用信息化与标准化相结合的手段,实现了旅游试点单位、标准化专家、政府部门之间的互联互通,以及及时反馈整体标准化创建动态等目标。

标准实施助手创建工作流程如图8-1所示。

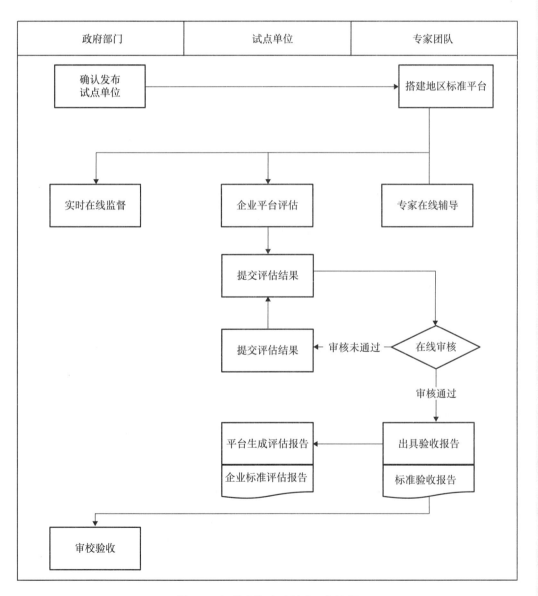

图8-1　标准实施助手创建工作流程

一、用户平台功能

旅游标准化试点单位用户可通过以下途径进入工具平台。

(1)通过微信小程序可搜索到"标准实施助手"小程序。微信小程序搜索页面见图8-2。

(2)输入账号密码,点击"登录"后可以进入主页,系统将根据企业自身业态特色分配需实施的国家标准、行业标准、地方标准。标准实施助手的登录界面见图8-3。

图 8-2　微信小程序搜索页面

(3)试点单位登录标准实施助手小程序,该程序共对用户开放标准实施自评、标准原文查询、企业标准体系、系统线上答疑四项功能,通过这些功能帮助企业开展标准实施建设。标准实施助手的功能菜单界面如图8-4所示。

图 8-3　标准实施助手的登录界面　　　图 8-4　标准实施助手的功能菜单界面

二、标准实施自评板块

1. 试点单位标准实施自评系统

点击进入标准实施自评板块,在首页上会显示"全部任务""实施中""未通过""已完成",明确体现企业标准实施状况,帮助企业初步把控企业的标准实施情况。标准实施自评主界面见图8-5。

2. 标准实施答题情况数据统计功能

在标准实施自评主界面点击"导出答题情况"按钮,该系统会通过后台云端计算自动生成该试点单位的标准实施情况。标准实施数据导出按钮界面如图8-6所示。

图8-5 标准实施自评主界面　　　　图8-6 标准实施数据导出按钮界面

3. 标准评估自评答题功能

试点单位可通过标准实施工具小程序开展标准自评工作。通过工具平台将试点单位的标准进行分解,将标准以题目的形式进行展现,试点单位只需根据题目意思提供佐证材料,以记录和留痕的形式展现标准创建工作的进程以及标准实施情况。试点单位在操作时要针对需要上传证明材料的评估项添加图片,对自评答题进行相应操作,同时确保上传证明材料的真实性,完成自评工作。标准实施自评答题界面见图8-7。

图 8-7　标准实施自评答题界面

4. 标准实施状态展示功能

评估状态分为未实施、实施中、已完成、待审核、未通过、已通过和有争议七个状态。通过标准实施助手可以查看试点单位标准实施状态，详细了解试点单位的标准化创建进程及完成度。试点单位标准实施状态界面见图 8-8。

图 8-8　试点单位标准实施状态界面

5. 标准实施审核功能

在试点单位标准实施完成后,通过点击标准实施界面"提交审核"按钮进行提交,由专家团队对企业线上评估情况进行审核,并最终由专家根据审核情况提供评估意见,企业根据专家评估意见进行整改或完善。专家审核意见反馈界面如图8-9所示。

6. 标准实施数据统计功能

标准实施助手系统还可以根据试点单位业态及需落实的国家标准、行业标准、地方标准的状态及类型进行实时在线统计,通过点击页面右下方的"实施数据统计"按钮,进入该企业在该实施任务分组下的答题情况统计。明确的实施任务、评估细则和记录性材料数据可以帮助企业更快地把控自身答题情况,便于企业进行内部管理。标准实施情况分类统计界面如图8-10所示。

图8-9　专家审核意见反馈界面

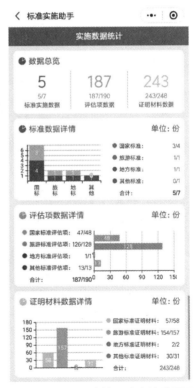

图8-10　标准实施情况分类统计界面

三、企业标准体系板块

在标准实施助手中点击"企业标准体系"按钮查询企业标准体系数据,将联动"标准体系管理系统"显示企业自身管理体系数据。试点企业标准体系数据统计界面如图8-11所示。

图 8-11　试点企业标准体系数据统计界面

四、系统线上答疑功能

标准实施助手建有线上专家咨询模块,点击"系统线上答疑"按钮,会出现"常见问题""在线提问""联系专家"三个功能板块,可以帮助企业解答系统问题,以及通过在线问答、联系专家的形式帮助企业解答遇到的困难以及产生的疑问。系统线上答疑主界面如图 8-12 所示。

图 8-12　系统线上答疑主界面

五、政府用户电脑端平台功能介绍

1. 政府用户电脑端平台

为帮助政府跟进标准化创建工作,监督试点单位标准实施进度,标准实施助手还为政府用户提供PC端平台,该后台管理系统会根据地区特性建立平台数据统计板块。地区政府可以输入在管理员权限下设定好的政府账户、密码,以及随机验证码登录系统,开展在线工作。标准实施助手后台管理系统登录界面如图8-13所示。

图8-13 标准实施助手后台管理系统登录界面

2. 试点单位数据监控统计功能

后台管理系统会根据政府账户的用户信息展示其管理辖区内各个区域的试点单位数量。政府用户可以选择以饼状图、柱状图等形式展现各试点单位标准实施情况统计数据,并可针对存在的问题下发说明通知。标准实施助手后台管理系统数据统计界面如图8-14所示。

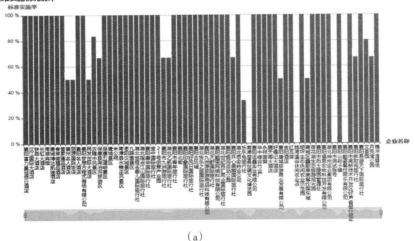

(a)

图8-14 "标准实施助手"后台管理系统数据统计界面

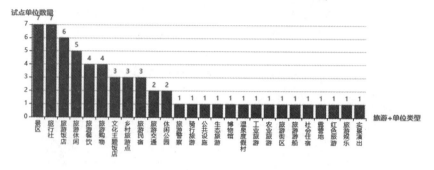

(b)

续图 8-14

后台管理系统会按政府需求,根据区块、标准级别和试点单位业态分类导出各项标准实施情况,并汇总统计表格,帮助地区进行数据整合。标准实施助手后台管理系统数据清单界面如图 8-15 所示。标准实施情况统计导出按钮界面如图 8-16 所示。标准实施助手后台管理系统地区整体情况统计界面如图 8-17 所示。

图 8-15 标准实施助手后台管理系统数据清单界面

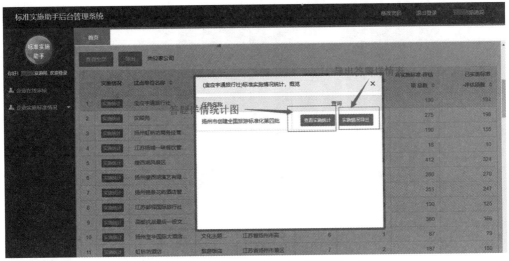

图 8-16　答题数据统计导出按钮界面

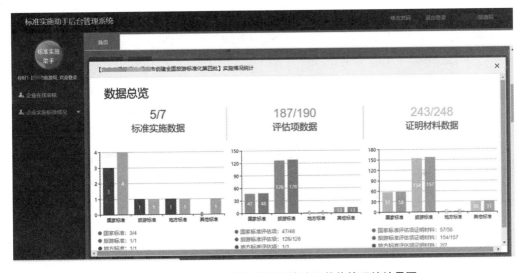

图 8-17　标准实施助手后台管理系统地区整体情况统计界面

3. 地区自定义数据统计功能

后台管理系统可根据地区分类、旅游业态、企业统计、标准分类四个不同维度进行数据组合统计,并生成政府用户所需的数据统计图,便于政府多方面了解标准实施情况。标准实施助手后台管理系统自定义数据界面如图 8-18、图 8-19 所示。

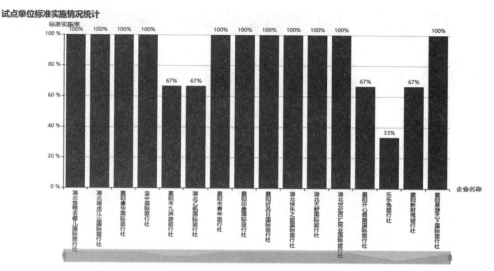

图 8-18　标准实施助手后台管理系统自定义数据界面(1)

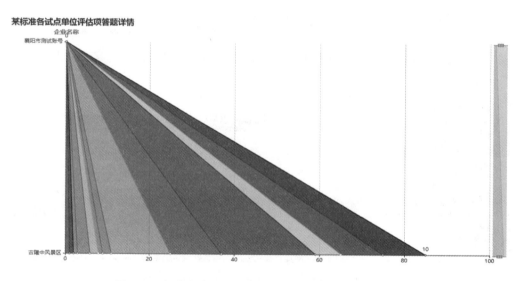

图 8-19　标准实施助手后台管理系统自定义数据界面(2)

4. 在线审核功能

(1) 企业数据概览。

点击标准实施助手后台管理系统左侧菜单栏中的"企业在线审核"按钮,右侧将出现辖区范围内所有企业列表与其标准实施详情,点击"不符合项清单"按钮,将导出各个企业未实施的评估项列表。试点单位标准实施数据监控界面如图 8-20 所示。

图8-20　试点单位标准实施数据监控界面

（2）政府在线审核。

点击实施数据监控界面任意单列数据后的"在线审核"按钮，页面将展示该试点企业实施的所有标准，可以查看具体标准的评估项答题详情，以及专家意见，并可填写审核意见。政府在线审核界面如图8-21所示。

图8-21　政府在线审核界面

标准实施助手后台管理系统可以展示当前标准的所有评估项内容。政府用户可以点击"查看实施证明"按钮，准确把控整体题目实施的达标情况。企业在线审核界面如图8-22所示。

(a)

(b)

图 8-22　企业在线审核界面

审核完毕后,政府用户可将审核意见在线反馈至企业,企业可以及时查看审核结果,并根据意见进行整改,实现与专家的线上沟通。专家审核意见界面如图 8-23 所示。

图 8-23　专家审核意见界面

5. 企业标准实施对照功能

点击标准实施助手后台管理系统左侧菜单栏中的"企业实施标准情况"下的"按企业查标准"按钮，右侧将展现政府用户辖区范围内的所有试点单位，点击右上角的"导出"按钮，可以将内容以表格的形式导出。点击某企业名称，可以看到当前该企业所实施的所有标准列表，并能显示相关标准名称和标准实施状态。试点单位标准实施整体情况对照界面如图8-24所示。

(a)

(b)

图8-24 试点单位标准实施整体情况对照界面

实践案例

湖北襄阳：旅游标准化引领高质量发展

本章小结

本章主要介绍了旅游标准的实施工具，帮助读者从数字化角度重新思考旅游标准化的建设工作安排及流程设计。重点介绍了旅游标准实施工具的功能、平台设计及使用方法。

本章训练

一、简答题

1. 相对于传统的标准化管理方法，信息化技术手段如何提升旅游标准化效率？

2. 请梳理并总结旅游标准实施工具在旅游标准化建设中的应用流程。

二、项目实训

请读者结合书中所给出的旅游标准化工具的结构功能、设计理念，思考数字化工具在旅游标准化实践中还可以有哪些应用方式？

参考文献

[1] 弗雷德里克·泰勒.科学管理原理[M].马风才,译.北京:机械工业出版社,2013.

[2] 桑德斯.标准化的目的与原理[M].北京:科学技术文献出版社,1974.

[3] 范荣妹,邱克斌,朱培武,等.标准化理论与综合应用[M].重庆:重庆大学出版社,2021.

[4] 李春田,房庆,王平.现代标准化方法:综合标准化[M].7版.北京:中国人民大学出版社,2022.

[5] 李春田.现代标准化方法:综合标准化[M].北京:中国标准出版社,2011.

[6] 舒辉.标准化管理[M].北京:北京大学出版社,2016.

[7] 松浦四郎.工业标准化原理[M].北京:技术标准出版,1981.

[8] 宋明顺,周立军.标准化基础[M].北京:中国标准出版社,2013.

[9] Mintzberg H. The Structuring of Organizations[M]. New Jersey: Prentice Hall, 1979.

[10] Brunsson N, Jacobsson B. A World of Standards[M]. New York: Oxford University Press, 2000.

[11] Busch L. Standards: Recipes for Reality[M]. Cambridge: The MIT Press, 2011.

[12] Grindley P. Standards, Strategy, and Policy[M]. New York: Oxford University Press, 1995.

[13] 程琳,李尚达,宋鹏飞,等.中国国际标准化现状及发展形势分析[J].中国铸造装备与技术,2021,56(5).

[14] 杜晓燕,王益谊.ISO管理体系标准制定规则发展研究[J].标准科学,2022(9).

[15] 胡关子.国际国外标准化战略实施评估经验与启示[J].标准科学,2022(9).

[16] 刘杰.区域标准化战略实践与理论探索[J].中国标准化,2022(1).

[17] 刘俊锐,赵力丹,逢锦山,等.基于标准属性的标准实施效果评价方法探究[J].中国标准化,2023(1).

[18] 牟琳. 我国旅游标准国际化问题及突破路径[J]. 标准科学, 2022（11）.

[19] 涂建军. 装备标准化系统工程基本原理与模型[J]. 标准科学, 2016（5）.

[20] 王季云, 姜雨璐. 旅游业标准体系的思考与重构[J]. 旅游学刊, 2013（11）.

[21] 王平, 房庆. 标准化一般原理研究[J]. 标准科学, 2020（9）.

[22] 王平. 国内外标准化理论研究及对比分析报告[J]. 中国标准化, 2012（5）.

[23] 王平. 从历史发展看标准和标准化组织的性质和地位[J]. 中国标准化, 2005（6）.

[24] 王平. 国内外标准化理论研究及对比分析报告[J]. 中国标准化, 2012（5）.

[25] 杨彦锋, 蒋艳霞, 李鹏. 标准化的模型与方法——经由旅游标准化实践的理论建构[J]. 旅游学刊, 2012（8）.

[26] 张凌云, 黎巎, 刘敏. 智慧旅游的基本概念与理论体系[J]. 旅游学刊, 2012（5）.

[27] 张凌云, 朱莉蓉. 中外旅游标准化发展现状和趋势比较研究[J]. 旅游学刊, 2011（5）.

[28] 张旭东, 庄智一, 路欢欢. 标准评价研究的进展及分析[J]. 中国标准化, 2023（1）.

[29] Hawkins R. The Rise of Consortia in the Information and Communication Technology Industries: Emerging Implications for Policy[J]. Telecommunications Policy, 1999, 23（2）.

[30] Baron, Pohlmann T. Who Cooperates in Standards Consortia-Rivals or Complementors?[J]. Journal of Competition Law & Economics, 2013, 9（4）.

教学支持说明

为了改善教学效果，提高教材的使用效率，满足高校授课教师的教学需求，本套教材备有与纸质教材配套的教学课件和拓展资源（案例库、习题库等）。

为保证本教学课件及相关教学资料仅为教材使用者所得，我们将向使用本套教材的高校授课教师赠送教学课件或者相关教学资料，烦请授课教师通过加入旅游专家俱乐部QQ群或公众号等方式与我们联系，获取"电子资源申请表"文档并认真准确填写后发给我们，我们的联系方式如下：

地址：湖北省武汉市东湖新技术开发区华工科技园华工园六路

邮编：430223

旅游专家俱乐部QQ群号：758712998

旅游专家俱乐部QQ群二维码：

群名称:旅游专家俱乐部5群
群　号:758712998

扫码关注
柚书公众号

电子资源申请表

填表时间：_____年___月___日

1. 以下内容请教师按实际情况写，★为必填项。
2. 根据个人情况如实填写，相关内容可以酌情调整提交。

★姓名		★性别	□男 □女	出生年月		★职务	
						★职称	□教授 □副教授 □讲师 □助教

★学校		★院/系	
★教研室		★专业	
★办公电话		家庭电话		★移动电话	
★E-mail（请填写清晰）		★QQ号/微信号	
★联系地址		★邮编	

★现在主授课程情况	学生人数	教材所属出版社	教材满意度
课程一			□满意 □一般 □不满意
课程二			□满意 □一般 □不满意
课程三			□满意 □一般 □不满意
其 他			□满意 □一般 □不满意

教 材 出 版 信 息				
方向一		□准备写 □写作中 □已成稿 □已出版待修订 □有讲义			
方向二		□准备写 □写作中 □已成稿 □已出版待修订 □有讲义			
方向三		□准备写 □写作中 □已成稿 □已出版待修订 □有讲义			

请教师认真填写表格下列内容，提供索取课件配套教材的相关信息，我社根据每位教师填表信息的完整性、授课情况与索取课件的相关性，以及教材使用的情况赠送教材的配套课件及相关教学资源。

ISBN(书号)	书名	作者	索取课件简要说明	学生人数（如选作教材）
			□教学 □参考	
			□教学 □参考	

★您对与课件配套的纸质教材的意见和建议，希望提供哪些配套教学资源：